Rita Samaras

# Das MEDITERRANE KÜCHE KOCHBUCH

ALLTÄGLICHE, EINFACHE UND LEBENDIGE REZEPTE, DIE IN WENIGER ALS 30 MINUTEN ZUBEREITET SIND. MIT DER EXPERTENANLEITUNG, UM DIE KRAFT DER GESÜNDESTEN ERNÄHRUNG DER WELT ZU NUTZEN.

IDB
INTERNATIONAL DIGITAL BOOKS

iDBOOKS
INTERNATIONAL DIGITAL BOOKS

**Titel: Das Mediterrane Kuche Kochbuch Alltägliche, einfache und lebendige Rezepte, die in weniger als 30 Minuten zubereitet sind. Mit der Expertenanleitung, um die Kraft der gesündesten Ernährung der Welt zu nutzen.**

Dieses Buch wurde in Farbe gedruckt, um Ihnen ein optimales Erlebnis zu bieten. Um jedoch so nachhaltig wie möglich zu sein, haben wir absichtlich auf Fotopapier verzichtet und stattdessen ein umweltfreundlicheres Papier verwendet.



**ISBN**

978-1-80260-246-3

**First Edition**:

Januar 2022

# INHALTSÜBERSICHT


DER KOMPLETTE RATGEBER ZUR MITTELMEERDIÄT 5

MEDITERRANEAN DIET PYRAMID 6

DIE ULTIMATIVE EINKAUFSLISTE FÜR DIE MITTELMEERDIÄT 7

12 TIPPS ZUM ERFOLG: NEUE WEGE BEIMN KOCHEN LERNEN 10

SHOPPING LIST 12

7-TAGE MEDITERRANER MAHLZEITENPLAN 13

FRÜHSTÜCK 16

MITTAGESSEN 28

ABENDESSEN 48

SNACKS 66

INDEX 76

EXTRA BONUS: OLIVENÖL 78

*Lieber Leser,*
*Ich freue mich sehr, dass Ihre Neugierde auf die Mittelmeerdiät Sie zu unserem Kochbuch geführt hat! Ich denke, Sie werden hier viele großartige Vorteile für Ihre Gesundheit und Ihr Leben entdecken. Ganz gleich, ob Sie gerade erst in diese köstliche und gesunde Ernährungsweise "hineingeschnuppert" haben, oder ob Sie bereits mit ganzem Herzen dabei sind.*

*Rita Samaras*

# Der komplette Ratgeber zur Mittelmeerdiät

Warum sollten wir auf einfache Vollkornprodukte und Obst zum Frühstück oder Salate und Gemüsesuppen zum Abendessen umsteigen? Warum sollten wir Vollkornbrot konsumieren, wenn Weißbrot so billig und einfach (und vorgeschnitten!) ist? Warum sollten wir eine Schale Obst einem riesigen Stück Schwarzwälder Kirschtorte oder einem klassischen Berliner zum Nachtisch vorziehen?

Andererseits, warum sollten wir uns so ernähren wollen, dass Deutschland in Bezug auf die jährlichen Herzinfarkte zu einem der führenden westlichen Länder geworden ist? Das Paradoxe ist, dass die Deutschen in der Ära des Wirtschaftswunders bereitwillig fettreiche, hoch raffinierte Mahlzeiten aßen, um ihren Wohlstand zu feiern. Während die Menschen rund um das Mittelmeer, in weniger wohlhabenden Regionen mit viel niedrigeren Lebensmittelbudgets, das aßen, was Wissenschaftler und Forscher kürzlich als eine der gesündesten Ernährungsweisen der Welt herausgefunden haben.

Jetzt, wo die Deutschen ihre kardiovaskuläre Gesundheit erhalten oder wiederherstellen wollen, schauen sie auf die neuesten Forschungsergebnisse zur Ernährung. Und diese Forschung verweist zunehmend auf die klassischen mediterranen Mahlzeiten der Arbeiterklasse in den 1950er und 1960er Jahren. Fortschritt erfordert manchmal einen Blick zurück.

Die Deutschen lieben ihr Essen und halten sich nur ungern an einen Plan, eine Richtlinie oder eine Empfehlung, die sie von ihren geliebten Bieren und Würstchen abbringen könnte. Werfen Sie jedoch einen Blick auf die typische Mittelmeerdiät. Was macht die Mittelmeerdiät so einzigartig? Die Mittelmeerdiät fördert im Wesentlichen eine minimal verarbeitete Ernährung. Die kulinarische Landschaft verwendet pflanzliche Aromastoffe, die mit starken Antioxidantien, Vitaminen und nützlichen Fetten ausgestattet sind, wie Olivenöl, Zitrusfrüchte, Kräuter und Gewürze. Vollkornprodukte und magere Proteine werden für die Zubereitung frischer, saisonaler Lebensmittel verwendet. Im Vergleich zu Deutschland sind Herzkrankheiten in den Mittelmeerländern weniger verbreitet.

Wenn Sie sich regelmäßig an diesen Ernährungsplan halten, verringern Sie Ihr Risiko, eine Herzkrankheit oder einen Schlaganfall zu bekommen. Krebs, Alzheimer, Parkinson und Typ-2-Diabetes sind allesamt Krankheiten, von denen immer mehr Menschen betroffen sind. Entzündliche Erkrankungen, einschließlich Arthritis, bessern sich nachweislich, wenn Sie eine mediterrane Ernährung einhalten. Auch Menschen, die unter Depressionen leiden, können sich dadurch besser fühlen. Demenz, Gebrechlichkeit und Makuladegeneration werden bei Menschen über 60 Jahren verringert.

Nach Ansicht von Forschern ist die Ernährung der Menschen in Griechenland und Süditalien entscheidend für ihre Gesundheit. Aber es ist mehr als eine "Diät", es ist ein echter Lebensstil. Nehmen Sie sich die Zeit, die Mahlzeiten zu Hause zuzubereiten und sie mit Freunden und geliebten Menschen zu genießen. Es ist eine Ernährung, die gut für Ihr Herz ist. Was für Ihr Herz hervorragend ist, ist für die meisten Menschen auch gut für Ihr Gehirn. Und für den Rest Ihres Körpers. Wenn Sie diese Grundprinzipien beherzigen und sich mit den Dingen aus unserer Einkaufsliste eindecken, sind Sie auf dem besten Weg, den Charme des Mittelmeers zu erleben.

# Mediterranean Diet Pyramid

Aktiv sein, Mahlzeiten mit anderen genießen

Die Form der Pyramide wurde gewählt, weil sie an der Basis der Pyramide deutlich die Mahlzeiten zeigt, die in größeren Mengen konsumiert werden sollten.
Die Ernährungspyramide hat in den letzten Jahren sowohl positive als auch negative Rückmeldungen erhalten und wird ständig überarbeitet. Aber jede Anpassung der aktuellen Pyramide wird mit Sicherheit auf die mediterrane Ernährung abgestimmt sein.

Die Pyramide der mediterranen Ernährung ist als Leitfaden gedacht. Menschen mit besonderen Ernährungsbedürfnissen, einschließlich Kinder, schwangere oder stillende Frauen oder Menschen mit Ernährungseinschränkungen, sollten den Rat eines lizenzierten Ernährungsberaters oder eines anderen qualifizierten Gesundheitsdienstleisters einholen.

**Schlüssel zu einem gesunden Lebensstil**

Der Schwerpunkt des Mittelmeerdiäts auf pflanzlichen Lebensmitteln bietet nur wenig Platz für verarbeitete Mahlzeiten,

raffinierten Zucker oder gesättigte Fette. Rotes Fleisch und Süßigkeiten werden nur wenige Male im Monat gegessen, obwohl Milchprodukte in Maßen konsumiert werden. Wein wird in Maßen getrunken, während Wasser das bevorzugte Getränk ist.

Der mediterrane Lebensstil konzentriert sich auf gesunde Praktiken, wie z.B. zu Hause zu kochen und die Mahlzeiten mit Freunden zu teilen, aktiv zu sein und achtsam und in Maßen zu essen.

Die kulinarische Landschaft der mediterranen Ernährung basiert auf der Zubereitung frischer, saisonaler Gerichte, die die Frische und den Eigengeschmack der einzelnen Komponenten hervorheben. Lesen Sie weiter, um eine Liste der mediterranen Must-Haves zu erhalten.

# Die ultimative Einkaufsliste für die Mittelmeerdiät

### Natives Olivenöl Extra

In der mediterranen Ernährungsweise dreht sich alles um Olivenöl. Natives Olivenöl extra ist reich an Antioxidantien und entzündungshemmenden Eigenschaften. Achten Sie bei der Suche nach gutem Olivenöl darauf, dass es in einer dunklen Flasche aufbewahrt wird. Die dunkle Färbung des Glases schützt die empfindlichen Lipide davor, ranzig zu werden, wenn sie Licht und Hitze ausgesetzt sind. Um die Qualität Ihres Öls zu schützen, sollten Sie es nach der Abfüllung an einem kühlen, dunklen Ort aufbewahren.

### Frisches Obst und Gemüse

Wählen Sie Lebensmittel, die gerade Saison haben, frisch sind und aus der Region stammen. Grünkohl, Rote Bete und Senfkörner werden oft für Omeletts verwendet. Bohnen und Linsen in Suppen. Löwenzahn, Chicorée und Rucola werden in der mediterranen Küche häufig als Wildgemüse verwendet. Artischocken, Rote Beete, Brokkoli, Gurken, Auberginen, Pilze, Radieschen und Zwiebeln sind weitere typische Gemüsesorten aus dieser Region. Vor allem Knoblauch ist ein Markenzeichen der mediterranen Küche, hat einige beeindruckende gesundheitliche Vorteile und wird fast überall verwendet, von Soßen und Suppen bis hin zu Getreidegerichten als flexible und aromatische Zutat.

Äpfel, Aprikosen, Beeren, Zitrusfrüchte, Datteln, Feigen, Trauben, und Granatäpfel sind beliebte mediterrane Früchte. Zitronensaft wird häufig für Meeresfrüchte, Gemüse, Suppen und Bohnen verwendet, um ihnen eine erfrischende Note zu verleihen.

Im Mittelmeerraum werden durchschnittlich vier Portionen antioxidantienreiches Obst und Gemüse pro Tag verzehrt. Pflaumen, Blaubeeren, Brombeeren, Erdbeeren, Himbeeren,

Orangen, rote Trauben und Kirschen sind nur einige Beispiele für antioxidantienreiches Obst. Zu den Gemüsesorten gehören Spinat, Rosenkohl und Alfalfa.

**Frische Kräuter und Gewürze**

In der mediterranen Küche spielen frische Kräuter und Gewürze eine große Rolle. Diese pflanzlichen Würzzutaten machen zusätzliches Salz überflüssig und liefern gleichzeitig große Mengen an Antioxidantien, die gut für Ihre Gesundheit sind. Jede Region des Mittelmeerraums hat ihre eigenen Geschmacksvorlieben. Petersilie, Basilikum, Oregano, Koriander und Lorbeer sind allesamt gängige Zutaten. Kreieren Sie ein hausgemachtes Pesto mit frischem Basilikum oder machen Sie eine würzige Gremolata mit einem Bund Petersilie.

**Frische und konservierte Meeresfrüchte**

In der mediterranen Ernährung sind Fisch und Schalentiere wichtige Quellen für Eiweiß und gesunde Fette. Thunfisch, Sardinen und Kabeljau sind reich an Omega-3-Fettsäuren und können frisch oder in Dosen verzehrt werden. Muscheln, Venusmuscheln und Garnelen werden oft mit Zitrone, Olivenöl und Kräutern in Pasta- und Getreidegerichten serviert. Gemäß der Mittelmeerdiät sollten Sie mindestens zweimal pro Woche Meeresfrüchte verzehren.

**Hülsenfrüchte (getrocknet und in Dosen)**

Kichererbsen, die in Hummus, Falafel und oft auch in Salaten verwendet werden, gehören zu den beliebtesten Hülsenfrüchten der mediterranen Küche. Linsen werden auch häufig in Suppen und Eintöpfen verwendet, um köstliche, ballaststoff- und proteinreiche Gerichte zu kreieren. Mit einem Spritzer Olivenöl und Zitrone schmecken Cannellini-Bohnen und schwarzäugige Bohnen hervorragend in Salaten.

**Vollkorn**

Weizen ist das Hauptnahrungsmittel im Mittelmeerraum. Dinkel ist ein typisch italienisches Getreide, das sowohl in warmen als auch in kalten Salaten verwendet werden kann. Bulgur, der aus geschroteten Weizenbeeren zubereitet und in Tabbouleh verwendet wird, ist ein weiteres traditionelles Getreide. Auch Couscous, Nudeln und Gerste sind in verschiedenen Teilen der Welt beliebt. Achten Sie auf die Begriffe "Vollkorn" oder "Vollweizen" auf der Vorderseite der Verpackung, und in der Zutatenliste sollte es an erster Stelle stehen.

**Nüsse und Samen**

Nüsse und Samen sind aufgrund ihres Protein- und Fettgehalts ein sättigender Snack. Tahini, das aus gemahlenen Sesamsamen hergestellt wird, ist ein beliebtes Gewürz an der Mittelmeerküste. Dieses vielseitige Gewürz, das üblicherweise in Hummus verwendet wird, verleiht auch Salatdressings Geschmack. Streichen Sie es Über das Gemüse streichen oder als Sauce oder Gewürz in Getreideschalen servieren.

**Oliven und Kapern**

Tafeloliven sind ein unverzichtbarer Snack oder eine willkommene Ergänzung zu einem Crudité-Gericht. Die Kalamata-Olive ist eine der beliebtesten und wird häufig in griechischen Salaten und Pasta sowie als Tapenade verwendet. Oliven sind reich an herzgesunden Lipiden und antioxidativen Polyphenolen. Kapern sind bekannt für ihren salzigen Geschmack und die Art und Weise, wie sie den Geschmack von Pasta, gebackenem Fisch und Soßen, sowohl eingelegt als auch getrocknet, verbessern.

**Tomaten**

Sowohl Tomaten in Dosen als auch frische Tomaten sind im gesamten Mittelmeerraum typisch, ganz oder gewürfelt, gedünstet oder zu einer Paste eingekocht. Aufgrund des Erhitzungsprozesses sind Tomatenprodukte aus der Dose besonders reich an Lycopin, das vor einigen Krebsarten schützen kann. Shakshuka, gefüllte Tomaten, gebackener Fisch mit Tomaten und natürlich Marinara-Sauce sind allesamt Hauptgerichte aus dem Mittelmeerraum, die auf Tomaten basieren.

**Griechischer Joghurt und handwerklich hergestellte Käsesorten**

Begrenzte Portionen Vollmilch sind in der mediterranen Ernährung üblich, zusammen mit viel Obst, Gemüse und Vollkornprodukten. Joghurt ist fermentiert und reich an darmgesunden Bakterien, sodass er die pflanzliche Ernährung um zusätzliche Proteine ergänzt.
Feta-Käse wird häufig zu Eintöpfen und Fischgerichten sowie zu griechischen Salaten verwendet. Halloumi-Käse ist für seine harte Textur bekannt, die es erlaubt, ihn zu grillen oder zu braten. Härtere Käsesorten wie Pecorino Romano und Parmigiano-Reggiano werden häufig in Nudeln geraspelt, während Manchego häufig in Eierspeisen gebacken wird.

**Rotwein**

Wein ist eine echte mediterrane Ikone, wird aber in der Regel in Maßen genossen (ein oder zwei Gläser pro Tag zu den Hauptmahlzeiten sind die Regel). Vor allem Rotwein ist reich an antioxidativen Polyphenolen und dem Flavonoid Resveratrol, das dazu beitragen kann, das HDL-Cholesterin zu erhöhen und das LDL-Cholesterin zu senken.

# 12 Tipps zum Erfolg: Neue Wege beim Kochen lernen

**Tomatensauce**
Machen Sie eine Tomatensauce mit Knoblauch, Zwiebeln, Kräutern und Gewürzen nach Geschmack. Sie ist perfekt mit ganzen oder gehackten frischen Basilikumblättern. In Italien wird die Tomatensauce oft mit Öl und Knoblauch angebraten. Es ist jedoch gut, natives Olivenöl extra hinzuzufügen, auch nur am Ende des Kochens, als Würze. Sie passt gut zu Gemüse, Nudeln, Reis und anderen Speisen. Bereiten Sie ihn mindestens zweimal pro Woche zu.

**Natives Olivenöl extra**
Verwenden Sie zum Kochen bei geringer Hitze, wie zum Beispiel zum Sautieren, natives Olivenöl extra anstelle von Butter. Es sollte nicht zum Braten oder für andere Zubereitungen mit hoher Hitze verwendet werden. Sie können es auch als Salatdressing verwenden.

**Kräuter und Gewürze**
Verwenden Sie zum Würzen Ihrer Gerichte Kräuter und Gewürze anstelle von Salz. Sie haben einen guten Geschmack und sind im Allgemeinen gesünder. Kurkuma, Currypulver, Ingwer, Knoblauch, Chili und Zimt sind allesamt geschmackvolle und gesunde Ergänzungen.

**Erwägen Sie fleischlose Mahlzeiten**
Viele Menschen finden, dass die mediterrane Ernährung für Vegetarier für einige oder alle ihrer Mahlzeiten gut geeignet ist. Zu den fleischlosen Mahlzeiten können Vollkornnudeln, Reis oder andere Rezepte gehören, die hauptsächlich auf Hülsenfrüchte oder Bohnen als Eiweißquelle setzen. Bei diesen Mahlzeiten sollten Sie mehr Gemüse und Hülsenfrüchte verwenden und weniger Nudeln oder Getreide.

**Lebensmittel, die Sie meiden oder weniger essen sollten: rotes Fleisch und verarbeitete Fleischsorten**
Beschränken Sie sich auf ein paar Portionen rotes Fleisch pro Woche, wie Rind, Schwein, Ziege oder Lamm. Verarbeitetes Fleisch wie Hot Dogs, Wurst, Schinken, gepökeltes Fleisch und verpacktes Mittagsfleisch sollten Sie auf eine Mahlzeit pro Woche beschränken. Achten Sie darauf, dass Sie vor der Zubereitung des Fleisches das sichtbare Fett entfernen.

**Zucker- und fettreiche Lebensmittel**
Halten Sie sich von Kuchen, Gebäck, Keksen, Donuts, Vanillepudding, Pudding, Chips und Pommes frites fern. Beschränken Sie sich auf nur eine Portion pro Woche

**Fettreiche Molkereiprodukte**
Vollmilch, Butter, Margarine und Eiscreme sollten Sie vermeiden oder nur in Maßen konsumieren. Beschränken Sie sich auf einen Teller mit gereiftem Käse und Vollfettkäse pro Woche. Gereifte Käsesorten sind mindestens sechs Monate lang gereift.

**Stark zuckerhaltige Getränke**
Vermeiden Sie zuckerhaltige kohlensäurehaltige Getränke. Wasser mit Kohlensäure zu trinken ist akzeptabel. Fruchtsaft sollte in Maßen konsumiert werden. Mehr Nährstoffe und gesundheitliche Vorteile erhalten Sie, wenn Sie die ganze Frucht essen.

**Wein und Alkohol**
Wein ist häufig Bestandteil der mediterranen Ernährung. Allerdings ist er ein optionaler Bestandteil dieser Diät. In Maßen genossen, kann Rotwein dazu beitragen, Herz-Kreislauf-Erkrankungen zu verbessern,

aber wenn Sie mehr als die empfohlenen Mengen trinken, können Sie gesundheitliche Probleme riskieren.
Weißwein ist eine "weniger mediterrane" Option als Rotwein. Aber auch Weißwein ist akzeptabel. Beschränken Sie sich auf ein Glas Wein pro Tag. Er wird am besten zu einer Mahlzeit serviert. Ein Glas Wein wird oft als 140 Gramm definiert. Die Ernährungsforschung hat festgestellt, dass Männer, die 140 Gramm Wein pro Tag konsumieren, und Frauen, die 85 Gramm Wein pro Tag trinken, einen Vorteil erfahren.

**Omega-3**

Linolensäure ist in einfach und mehrfach ungesättigten Fetten enthalten, wie z.B. in Olivenöl und einigen Nüssen. Linolensäure ist eine Fettsäure, die zu den Omega-3-Fettsäuren gehört. Omega-3-Fettsäuren senken die Triglyceride und die Blutgerinnung. Sie werden auch mit einem geringeren Risiko für einen Herzinfarkt in Verbindung gebracht, da sie durch die Verbesserung der Gesundheit der Blutgefäße zur Regulierung des Blutdrucks beitragen. Omega-3-Fettsäuren sind auch in fettem Fisch enthalten, darunter Makrele, Seeforelle, Hering, Sardinen, Weißer Thun und Lachs.

**Wasser**

Wasser ist die beste Flüssigkeit für den Körper. Wasser hilft Ihrem Körper unter anderem, die Temperatur zu regulieren, Abfallstoffe auszuscheiden und Nährstoffe und Sauerstoff zu Ihren Zellen zu transportieren. Trinken Sie eineinhalb bis zwei Liter pro Tag und erhöhen Sie die Menge, wenn Sie Sport treiben oder in einer heißen Umgebung leben.

**Lehnen Sie sich zurück und genießen Sie Ihr Essen**

Entschleunigen und Genießen ist ein wichtiger Bestandteil der mediterranen Lebensweise! Mindestens zwei Mittag- oder Abendessen pro Woche sollten Sie am Tisch verbringen. Genießen Sie diese Mahlzeiten mindestens 30 Minuten lang. Beginnen Sie außerdem damit, so viele Mahlzeiten wie möglich mit Familie und Freunden zu genießen.

**Bewegen Sie Ihren Körper**

Körperliche Aktivität und Bewegung sollten täglich stattfinden, um einen gesunden Lebensstil zu fördern und zu erhalten. Dazu gehören sowohl Freizeitaktivitäten als auch ein gewisses Maß an anstrengender Bewegung. Streben Sie mindestens 150 Minuten mäßig anstrengende Bewegung pro Woche an.

# SHOPPING LIST

## LOS! ESSEN SIE TÄGLICH

### GEMÜSE

-Artischocke
- Staudensellerie
-Paprika
- Artischockenherzen
-Chayote
- Radieschen
-Spargel
- Krautsalat (verpackt, ohne Dressing)
- Steckrübe
- Blattsalate (Chicorée, Endivie, Eskariol-Salat, Römersalat, Spinat, Rucola, Radicchio, Brunnenkresse)
- Baby-Mais
- Salatgurke
- Bambussprossen
- Japanischer Rettich
- Bohnen (grün, Wachs, italienisch)
- Aubergine
- Grünzeug (Kollard, Grünkohl, Senf, Rüben)
- Spinat
- Bohnensprossen
- Rote Beete
- Sprossen
- Kürbis (Sommer, Stielkürbis, Spaghetti, Zucchini)
- Rosenkohl
-Palmherzen
- Jicama
-Brokkoli
- Kohlrabi
-Kohl (grün, Bok Choy, Chinesisch)
- Zuckerschoten
- Lauch
- Mangold
- Champignons
- Tomatensorten
- Mohrrüben
- Okra
- Rüben
- Blumenkohl
- Zwiebeln
- Wasserkastanien
- Erbsenschoten
- Yard-Long-Bohnen

### KRÄUTER, GEWÜRZE UND ÖLE

- Basilikum
- Chilipulver
- Chilis
- Zimt
- Gewürznelken
- Kreuzkümmel
- Dill
-Knoblauch
- Ingwer
- Fenchelsamen
- Majoran
- Minze
- Rapsöl
- Öle (Raps, Natives Öl extra Oliven, Sesam, Leinsamen, Traubenkern, und Avocado)
- Oregano
- Petersilie
- Paprika
- Rosmarin
- Safran
- Salbei
- Estragon
- Thymian

### FRÜCHTE

- Äpfel
- Avocados
- Bananen
- Brombeeren
- Blaubeeren
- Kirschen
- Feigen
- Weintrauben
- Kiwis
- Melonen
- Nektarinen
- Pfirsiche
- Orangen
- Granatäpfel
- Pflaumen
- Himbeeren
- Erdbeeren

### BOHNEN/HÜLSENFRÜCHTE, NÜSSE UND SAATEN

- Mandeln
- Kidneybohnen
- Schwarzäugige Erbsen
- Linsen
- Cashewnüsse
- Limabohnen
- Kichererbsen
- Erdnüsse (Kichererbsen)
- Pinienkerne
- Flachs/Leinsamen
- Pistazien
- Kerne
- Spalterbsen
- Sonnenblumenkerne
- Walnüsse

### VOLLKORN

- Gerste
- Brauner Reis
- Buchweizen
- Bulgur
- Couscous
- Farro
- Kamut
- Haferflocken
- Polenta
- Quinoa
- Weizenbeeren
- Vollkornbrote, Brötchen, Tortillas, und Nudeln.

## LANGSAM! MINDESTENS ZWEIMAL PRO WOCHE GENIEẞEN

### FISCH UND MEERESFRÜCHTE

- Venusmuscheln
- Kabeljau
- Krabbe
- Heilbutt
- Muscheln
- Orangefarbener Rauhbarsch
- Roter Schnapper
- Lachs
- Jakobsmuscheln
- Shrimps
- Tilapia
- Thunfisch

### GEFLÜGEL UND EIER

- Huhn
-Eier
-Truthahn

### MOLKEREI

- Hüttenkäse
- Griechischer Joghurt
- Kefir
- Fettarmer Käse (achten Sie auf "fettreduziert" oder "teilentrahmt" auf dem Käseetikett)
- Fettreduzierte Milch
- Fettarmer Naturjoghurt

## 7-TAGE MEDITERRANER MAHLZEITENPLAN: 1200 - 1500 - 1800 Kalorien

| TAG 1 | | | | | | | | | |
|---|---|---|---|---|---|---|---|---|---|
| | 1200 KALORIEN | | | 1500 KALORIEN | | | 1800 KALORIEN | | |
| Mahlzeit | Rezept | Seite | Kcal | Rezept | Seite | Kcal | Rezept | Seite | Kcal |
| Frühstück | Italienischer Gemüsepudding | 21 | 250 | Italienischer Gemüsepudding | 21 | 250 | Frühstückssalat | 22 | 330 |
| Imbiss | | | | In Olivenöl Marinierter Käse | 70 | 320 | 1 Grüner Apfel | | 100 |
| Mittagessen | Hummus Und Veggie-Wraps | 38 | 360 | Hummus Und Veggie-Wraps | 38 | 360 | Schwarzer Linsensalat Mit Blumenkohl Und Getrockneten Kirschen | 35 | 540 |
| Imbiss | Erdnuss Hummus | 74 | 200 | Erdnuss Hummus | 74 | 200 | In Olivenöl Marinierter Käse | 70 | 320 |
| Abendessen | Huhn Molokhia | 57 | 410 | Huhn Molokhia | 57 | 410 | Farro-Salat Mit Gerösteten Kichererbsen Und Blumenkohl | 43 | 490 |

## TAG 2

| Mahlzeit | 1200 KALORIEN Rezept | Seite | Kcal | 1500 KALORIEN Rezept | Seite | Kcal | 1800 KALORIEN Rezept | Seite | Kcal |
|---|---|---|---|---|---|---|---|---|---|
| Frühstück | Mediterranes Frühstücksquinoa | 26 | 330 | Grünkohl Und Artischocken Frittata 30 Min. Mit Asiago | 25 | 310 | Frühstücksschüssel Mit Ei Und Braunem Reis | 20 | 430 |
| Imbiss | 1 Grüner Apfel | | 100 | 1 Grüner Apfel | | 100 | 1 Grüner Apfel + 15 Mandeln | | 200 |
| Mittagessen | Falafel Fritter Hummus Schalen | 50 | 320 | Bruschetta Mit Sommerkürbis Und Paprika | 31 | 390 | Kichererbsen-Walnuss-Sandwiches | 32 | 480 |
| Imbiss | | | | Antipasti Und Charcuterie Fladenbrot | 67 | 230 | In Olivenöl Marinierter Käse | 70 | 320 |
| Abendessen | Knuspriger Lachs Mit Walnuss Salsa Verde | 59 | 470 | Kichererbsen-Walnusssandwiches | 32 | 480 | Spaghetti Mit Knoblauch, Öl Und Chilischoten | 41 | 360 |

## TAG 3

| Mahlzeit | 1200 KALORIEN Rezept | Seite | Kcal | 1500 KALORIEN Rezept | Seite | Kcal | 1800 KALORIEN Rezept | Seite | Kcal |
|---|---|---|---|---|---|---|---|---|---|
| Frühstück | Frühstücksschüssel Mit Ei Und Braunem Reis | 20 | 430 | Grünkohl Und Artischocken Frittata Mit Asiago | 25 | 310 | Frühstücksschüssel Mit Ei Und Braunem Reis | 20 | 430 |
| Imbiss | 1 Grüner apfel | | 100 | 1 Grüner Apfel + 15 Mandeln | | 200 | In Olivenöl Marinierter Käse | 70 | 320 |
| Mittagessen | Eintopf Aus Saubohnen Und Tomaten | 29 | 360 | Farro-Salat Mit Gerösteten Kichererbsen Und Blumenkohl | 43 | 490 | Kabeljau Und Maiseintopf | 58 | 270 |
| Imbiss | | | | 1 Grüner Apfel + 15 Mandeln | | 200 | Falafel Fritter Hummus Schalen | 50 | 320 |
| Abendessen | Avocado Super Sommer-Wrap | 39 | 350 | Gebratenes Gemüse & Feta-Auflauf | 36 | 310 | Knuspriger Lachs Mit Walnuss-Salsa Verde | 59 | 470 |

## TAG 4

| Mahlzeit | 1200 KALORIEN Rezept | Seite | Kcal | 1500 KALORIEN Rezept | Seite | Kcal | 1800 KALORIEN Rezept | Seite | Kcal |
|---|---|---|---|---|---|---|---|---|---|
| Frühstück | Grünkohl Und Artischocken Frittata 30 Min. Mit Asiago | 25 | 310 | Grünkohl Und Artischocken Frittata 30 Min. Mit Asiago | 25 | 310 | Italienischer Gemüsepudding | 21 | 250 |
| Imbiss | 1 Grüner Apfel | | 100 | 1 Grüner Apfel | | 100 | Mediterrane Walnussnachos | 72 | 440 |
| Mittagessen | Krabben-Saganaki Mit Gemüse | 60 | 310 | Bruschetta Mit Sommerkürbis Und Paprika | 31 | 390 | Ciaki Chuka | 63 | 490 |
| Imbiss | | | | Antipasti Und Charcuterie Fladenbrot | 67 | 230 | Gebackener Brie Mit Feigenaufstrich | 69 | 150 |
| Abendessen | Knuspriger Lachs Mit Walnuss-Salsa Verde | 59 | 470 | Knuspriger Lachs Mit Walnuss-Salsa Verde | 59 | 470 | Knuspriger Lachs Mit Walnuss-Salsa Verde | 59 | 470 |

## TAG 5

| Mahlzeit | 1200 KALORIEN Rezept | Seite | Kcal | 1500 KALORIEN Rezept | Seite | Kcal | 1800 KALORIEN Rezept | Seite | Kcal |
|---|---|---|---|---|---|---|---|---|---|
| Frühstück | Frühstücksschüssel Mit Ei Und Braunem Reis | 20 | 430 | Grünkohl Und Artischocken Frittata Mit Asiago | 25 | 310 | Frühstücksschüssel Mit Ei Und Braunem Reis | 20 | 430 |
| Imbiss | 1 Grüner Apfel | | 100 | 1 Grüner Apfel | | 100 | 1 Grüner Apfel + 15 Mandeln | | 200 |
| Mittagessen | Eintopf Aus Saubohnen Und Tomaten | 29 | 360 | Bruschetta Mit Sommerkürbis Und Paprika | 31 | 390 | Kichererbsen-Walnuss-Sandwiches | 32 | 480 |
| Imbiss | | | | Antipasti und charcuterie fladenbrot | 67 | 230 | In Olivenöl Marinierter Käse | 70 | 320 |
| Abendessen | Avocado Super Sommer-Wrap | 39 | 350 | Kichererbsen-Walnusssandwiches | 32 | 480 | Spaghetti Mit Knoblauch, Öl Und Chilischoten | 41 | 360 |

## TAG 6

| Mahlzeit | 1200 KALORIEN Rezept | Seite | Kcal | 1500 KALORIEN Rezept | Seite | Kcal | 1800 KALORIEN Rezept | Seite | Kcal |
|---|---|---|---|---|---|---|---|---|---|
| Frühstück | Gebackene Eier Und Spinat | 17 | 130 | Gebackene Eier Und Spinat | 17 | 130 | Gebackene Eier Und Spinat | 17 | 130 |
| Imbiss | Caprese-Ei-Muffins | 18 | 120 | Mediterrane Walnuss Snachos | 72 | 440 | Mediterrane Walnuss Snachos | 72 | 440 |
| Mittagessen | Eintopf Aus Saubohnen Und Tomaten | 29 | 360 | Kabeljau und maiseintopf | 58 | 270 | Mediterrane Schüssel Mit Gebackenem Lachs, Quinoa Und Tzatziki | 51 | 510 |
| Imbiss | 1 Grüner Apfel | | 100 | 1 Grüner Apfel + 15 Mandeln | | 200 | Skordalia Dip | 71 | 230 |
| Abendessen | Ciaki Chuka | 63 | 490 | Ciaki Chuka | 63 | 490 | Ciaki Chuka | 63 | 490 |

## TAG 7

| Mahlzeit | 1200 KALORIEN Rezept | Seite | Kcal | 1500 KALORIEN Rezept | Seite | Kcal | 1800 KALORIEN Rezept | Seite | Kcal |
|---|---|---|---|---|---|---|---|---|---|
| Frühstück | Mediterranes Frühstücksquinoa | 26 | 330 | Grünkohl Und Artischocken Frittata 30 Min. Mit Asiago | 25 | 310 | Frühstücksschüssel Mit Ei Und Braunem Reis | 20 | 430 |
| Imbiss | 1 Grüner Apfel | | 100 | 1 Grüner Apfel | | 100 | 1 Grüner Apfel + 15 Mandeln | | 200 |
| Mittagessen | Krabben-Saganaki Mit Gemüse | 60 | 310 | Bruschetta Mit Sommerkürbis Und Paprika | 31 | 390 | Mediterrane Schüssel Mit Gebackenem Lachs, Quinoa Und Tzatziki | 51 | 510 |
| Imbiss | | | | Antipasti Und Charcuterie Fladenbrot | 67 | 230 | In Olivenöl Marinierter Käse | 70 | 320 |
| Abendessen | Knuspriger Lachs Mit Walnuss-Salsa Verde | 59 | 470 | Knuspriger Lachs Mit Walnuss-Salsa Verde | 59 | 470 | Spaghetti Mit Knoblauch, Öl Und Chilischoten | 41 | 360 |

# FRÜHSTÜCK

# GEBACKENE EIER UND SPINAT

## SHOPPING LIST

REICHT FÜR 4 Portionen

- 4 Eier
- 60g Tomatensauce
- 1 (300g) Packung gefrorener Spinat, trockengedrückt
- 50 g geriebener Käse

NÄHRWERTE: KAL. 130KCAL | GESÄTTIGTE FETTSÄUREN 7G | FETT 3G | NATRIUM 277MG | KOHLENHYDRATE 4G | BALLASTSTOFFE 2G | EIWEIß 10G

## DIRECTIONS

1. Heizen Sie den Ofen auf 180°C vor.
2. Den Spinat gleichmäßig auf vier leicht mit Olivenöl eingefettete Förmchen verteilen.
3. Machen Sie mit der Rückseite eines Löffels eine Vertiefung (ca. 2 cm Durchmesser) in der Mitte jeder Spinatportion, in die das Ei passt.
4. Verteilen Sie die Sauce gleichmäßig über jedes Ei, gefolgt von dem Käse.
5. Legen Sie die Förmchen in einer einzigen Schicht auf ein Backblech und backen Sie sie etwa 20 Minuten lang. Eier sind gut durchgebacken, wenn das Eiweiß vollständig fest ist und das Eigelb relativ dick, aber nicht ganz fest ist.

30 Min.

25 Min.

# CAPRESE-EI-MUFFINS

## DIRECTIONS

1. Heizen Sie den Ofen auf 180°C vor. Fetten Sie ein Muffinblech leicht mit Olivenöl ein.
2. Erhitzen Sie 2 Esslöffel Olivenöl in einer mittelgroßen Pfanne bei mittlerer Hitze. Kochen Sie den Spinat und die Tomaten, bis sie verwelkt sind, und geben Sie sie dann in eine Schüssel.
3. Geben Sie die Eier, das Basilikum, den Knoblauch, das Salz und den Pfeffer in die Schüssel mit dem Spinat und den Tomaten. Gießen Sie die Mischung in die Muffinform.
4. Bereiten Sie den frischen Mozzarella vor, indem Sie ihn in Würfel schneiden, und verteilen Sie den Mozzarella gleichmäßig auf den Muffins.
5. Backen Sie etwa 20 Minuten, oder bis die Eier vollständig fest geworden sind.
6. Vor dem Servieren mit der Balsamico-Glasur beträufeln (optional).

## SHOPPING LIST

REICHT FÜR 10 Muffins

- 2 Esslöffel kaltgepresstes Olivenöl + 1 weiterer Esslöffel zum Einfetten der Backform
- 500g Babyspinat
- 240g gehackte Kirschtomaten
- 1/2 Teelöffel Salz
- 1/2 Teelöffel Pfeffer
- 1/2 Teelöffel Knoblauchpulver
- 3 Esslöffel gehackte frische Basilikumblätter
- 10 große Eier
- 100g frischer Mozzarella
- Balsamico-Glasur (optional)

NÄHRWERTE KAL. 120KCAL | GESÄTTIGTE FETTSÄUREN 8 | FETT 3G | NATRIUM 190 MG | KOHLENHYDRATE 1G | BALLASTSTOFFE 2G | EIWEIß 7G

# FRITTATA MIT TOMATEN UND SPARGEL

## SHOPPING LIST

REICHT FÜR 6 Portionen

- 250g geschälte italienische Pflaumentomaten, abgetropft
- 6 Eier (plus 2 Eiweiß)
- 1 Lauch, abgespült, in Scheiben geschnitten
- 150g Parmesankäse
- 150g Ziegenkäse-Brösel
- Frisches Basilikum, zerrissen
- 1 Bund Spargel, in 1" Stücke geschnitten
- 1 Esslöffel Olivenöl
- Salz und frisch gemahlener Pfeffer.

## DIRECTIONS

1. Heizen Sie den Ofen auf 220°C vor.
2. Verquirlen Sie in einer Schüssel die Eier, das Eiweiß, den Parmesankäse und das Basilikum. Mit Salz und Pfeffer würzen.
3. Erhitzen Sie das Öl in einer großen antihaftbeschichteten Pfanne und braten Sie den Lauch an, bis er etwa 2-3 Minuten weich wird. Geben Sie die Spargelspitzen und die Tomaten hinzu und kochen Sie sie etwa 5 Minuten lang, bis sie weich sind.
4. Gießen Sie die Eimischung in die Pfanne und rühren Sie 2 Minuten lang, bis die Eier beginnen, am Boden fest zu werden.
5. Bestreuen Sie nun den Ziegenkäse darüber und schieben Sie die Form in den Ofen. Backen Sie etwa 10 Minuten, bis die Mitte fest ist.
6. Lösen Sie die Ränder des Omeletts mit einem Gummispatel und schieben Sie es auf einen Servierteller.
7. Wenn die Pfanne verhindert, dass Sie die Frittata herausnehmen können, stürzen Sie sie auf einen großen Teller und wenden Sie sie auf einer Servierplatte. Heiß servieren. Guten Appetit!

NÄHRWERTE: KAL. 230KCAL | GESÄTTIGTE FETTSÄUREN 13G | FETT 6G | NATRIUM 510 MG | KOHLENHYDRATE 8G | BALLASTSTOFFE 1G | EIWEIß 15G

20 Min.

# FRÜHSTÜCKSSCHÜSSEL MIT EI UND BRAUNEM REIS

## SHOPPING LIST

REICHT FÜR 1 Portion

- 100g gehackte Zucchini
- 100g Trauben-Kirschtomaten, in Scheiben geschnitten
- 2 Eier
- 1 Esslöffel fettarme Milch
- 1 Esslöffel zerbröckelter Fetakäse
- 1/2 Esslöffel frische Basilikumblätter, gehackt
- 1/4 Teelöffel getrockneter Oregano
- 100g gekochter brauner Reis
- 2 Esslöffel Cannellini-Bohnen aus der Dose
- 1 Esslöffel Olivenöl, geteilt
- Eine Prise Salz und schwarzer Pfeffer

NÄHRWERTE: KAL. 430KCAL | GESÄTTIGTE FETTSÄUREN 19G | FETT 5G | NATRIUM 360 MG | KOHLENHYDRATE 35G | BALLASTSTOFFE 4G | EIWEIẞ 21G

## DIRECTIONS

1. Erhitzen Sie 1/2 Esslöffel Öl in einer Bratpfanne bei mittlerer Hitze und geben Sie die Zucchini hinein.
2. Kochen Sie die Zucchini unter gelegentlichem Rühren, bis sie beginnt, goldbraun zu werden. Etwa 2-3 Minuten.
3. Nehmen Sie die Zucchini mit einem Schaumlöffel aus der Pfanne.
4. Verquirlen Sie in einem kleinen Kochtopf Eier, Milch, Oregano, Salz und Pfeffer.
5. Erhitzen Sie 1/2 Esslöffel Öl bei mittlerer Hitze in derselben Pfanne und geben Sie die Eimischung hinein.
6. Streuen Sie das Basilikum über die Eier. Rühren Sie die Eier vorsichtig um, bis sie vollständig eingedickt und nicht mehr flüssig sind. Nehmen Sie die Pfanne vom Herd.
7. Erhitzen Sie in der Zwischenzeit den Reis mit 1 Esslöffel Wasser in einer mikrowellengeeigneten Schüssel (dieselbe, in der Sie Ihre Breakfast Bowl zubereiten möchten) für 30 Sekunden oder bis er heiß ist.
8. Richten Sie den Reis auf einem Servierteller an und belegen Sie ihn mit Eiern, Bohnen, Tomaten, gekochter Zucchini und Käse.

# ITALIENISCHER GEMÜSEPUDDING

## SHOPPING LIST

REICHT FÜR 4 Portionen

- 4 Eier
- 120g Allzweckmehl
- 400g grob zerkleinerter gelber Sommerkürbis
- 200g grob zerkleinerte Zucchini
- 50g geschnittene reife Oliven, abgetropft
- 2 Esslöffel geriebener Parmesankäse
- 1 Teelöffel getrocknetes Basilikum
- Zwiebel, in dünne Scheiben geschnitten
- 1/4 Teelöffel Knoblauchpulver
- 100g geschredderter Allgäuer Emmentaler
- 6 Tomatenscheiben

## DIRECTIONS

1. Heizen Sie den Ofen auf 220°C.
2. Verquirlen Sie in einem mittelgroßen Topf die Eier und das Mehl, bis sie glatt sind.
3. Kombinieren Sie den gelben Kürbis, die Zucchini und die Oliven in einer mittelgroßen Schüssel. Gründlich vermischen.
4. Fetten Sie eine Auflaufform leicht ein und verteilen Sie den Teig darin. Backen Sie den Teig in der Mitte des Ofens für etwa 10 Minuten oder bis er cremig ist.
5. Mischen Sie den Parmesan, das Basilikum und das Knoblauchpulver in einer kleinen Schüssel. Wenn die Mischung gut vermischt ist, streuen Sie sie über die Creme.
6. Verteilen Sie die restlichen Oliven, Tomatenscheiben, Zwiebelringe und den Allgäuer Emmentaler auf der Creme.
7. Bringen Sie die Pfanne wieder auf den Herd und kochen Sie sie etwa 5 Minuten lang, oder bis der Käse geschmolzen ist.
8. Heiß servieren. Genießen Sie es!

NÄHRWERTE: KAL. 250KCAL | GESÄTTIGTE FETTSÄUREN 11G | FETT 4G | NATRIUM 330 MG | KOHLENHYDRATE 19G | BALLASTSTOFFE 2G | EIWEIß 14G

# FRÜHSTÜCKSSALAT

## SHOPPING LIST

REICHT FÜR 2 Portionen
PORTIONSGRÖßE 1/2 Rezept

- 1 Scheibe Vollkornbrot
- 2 Teelöffel Olivenöl
- 2 Eier
- 1 Teelöffel weißer Essig (oder jeder andere Essig)
- 50 Gramm Frühlings-Mix-Salat
- 1 Avocado, gewürfelt
- 2 (15 Gramm) Scheiben Prosciutto
- Salz und Pfeffer

NÄHRWERTE: KAL. 330KCAL | GESÄTTIGTE FETTSÄUREN 24G | FETT 4G | NATRIUM 510 MG | KOHLENHYDRATE 10G | BALLASTSTOFFE 7G | EIWEIß 9G

## DIRECTIONS

1. Heizen Sie den Ofen auf 180°C vor. Schneiden Sie in der Zwischenzeit das Brot in kleine Würfel und beträufeln Sie es mit Olivenöl. Verteilen Sie die Brotwürfel auf einem Backblech und backen Sie sie etwa 7-8 Minuten, bis sie goldgelb und knusprig sind.
2. Schlagen Sie die Eier in zwei kleine Schüsseln oder Auflaufformen.
3. Bringen Sie das Wasser in einem mittelgroßen Kochtopf fast zum Kochen.
4. Geben Sie den Essig hinzu und rühren Sie das Wasser in eine Richtung, um einen Strudel zu erzeugen. Gießen Sie sofort und vorsichtig eines der Eier in das Wasser in der Mitte des "Wirbels" und kochen Sie es, bis das Eiweiß undurchsichtig wird und den gewünschten Gargrad erreicht (etwa 4 Minuten).
5. Nehmen Sie das pochierte Ei vorsichtig mit einem Schaumlöffel heraus und legen Sie es auf ein Küchentuch.
6. Wiederholen Sie den Vorgang mit dem nächsten Ei.
7. Mischen Sie den Salat und die Avocado in einer großen Schüssel, bis die Avocado die Blätter bedeckt und ein Dressing bildet. Fügen Sie die Croutons vorsichtig hinzu, um sie zu kombinieren.
8. Verteilen Sie den Salat auf zwei Teller und fügen Sie den Schinken und die pochierten Eier hinzu und würzen Sie mit Salz und Pfeffer. Genießen Sie es!

15 Min.

15 Min.

# GRIECHISCHES GEMÜSE-OMELETT

## SHOPPING LIST

REICHT FÜR 2 Portionen
PORTIONSGRÖßE 1/2 Omelett

- 1 Esslöffel Olivenöl
- 250g Babyspinat
- 2 Esslöffel Kalamata-Oliven, entkernt und in Scheiben geschnitten
- 2 Esslöffel geröstete rote Paprikaschoten, gewürfelt
- 2 Esslöffel Artischockenherzen, zerkleinert
- 1 Esslöffel sonnengetrocknete Tomaten, gewürfelt
- 1 Teelöffel Pinienkerne
- 3 Esslöffel Käse, geteilt
- 2 große Eier
- 1 Esslöffel Wasser
- 1/4 Teelöffel Salz
- 1/4 Teelöffel schwarzer Pfeffer

NÄHRWERTE:
KAL. 220KCAL | GESÄTTIGTE FETTSÄUREN 18G | FETT 4.5G | NATRIUM 480 MG | KOHLENHYDRATE 6G | BALLASTSTOFFE 2 | EIWEIß 9G

## DIRECTIONS

1. Erhitzen Sie das Olivenöl in einer Pfanne und geben Sie den Spinat hinzu.
2. Fügen Sie Spinat, Oliven, Paprika, Artischocken, sonnengetrocknete Tomaten und Pinienkerne hinzu.
3. 2 Minuten kochen lassen, dann in eine Schüssel geben und beiseitestellen.
4. Vermengen Sie die Eier, das Wasser, das Salz und den Pfeffer in einer kleinen Schüssel. Gießen Sie die Eimischung bei mittlerer Hitze in dieselbe Pfanne. Lassen Sie die Eier gleichmäßig kochen, indem Sie die Pfanne in kreisenden Bewegungen bewegen.
5. Sobald die Unterseite des Omeletts leicht gebräunt und die Oberseite fast fest ist, geben Sie das sautierte Gemüse und 2 Esslöffel Feta-Käse auf eine Hälfte des Omeletts. Klappen Sie die andere Hälfte des Omeletts vorsichtig über das Gemüse und schieben Sie es auf einen Teller.
6. Servieren Sie das Omelett sofort mit dem restlichen Fetakäse. Guten Appetit!

10 Min.

# AMARANTH-POLENTA MIT WALDPILZEN

## DIRECTIONS

1. Bringen Sie das Wasser zum Kochen und gießen Sie es in eine große Tasse. Fügen Sie die getrockneten Pilze hinzu. Bedecken Sie den Becher und stellen Sie ihn etwa 15 Minuten lang beiseite, oder bis die Pilze weich sind. Alle großen Stücke sollten zerkleinert werden.
2. Erhitzen Sie in der Zwischenzeit in einem Topf das Olivenöl für etwa 1 Minute und geben Sie dann die Schalotten hinzu. Rühren Sie den Amaranth ein. Fügen Sie die Pilze mit der gefilterten Einweichflüssigkeit hinzu.
3. Drehen Sie die Hitze auf und bringen Sie die Suppe zum Kochen. Reduzieren Sie die Hitze auf niedrig, decken Sie sie ab und kochen Sie sie 15 Minuten lang.
4. Fügen Sie den Pfeffer, das Salz und den Thymian hinzu und rühren Sie gut um. Lassen Sie das Ganze zugedeckt weitere 10-15 Minuten köcheln, bis der Amaranth zart ist. (Zarter Amaranth sollte noch etwas knackig sein). Fügen Sie ein wenig zusätzliches kochendes Wasser hinzu, wenn die Mischung zu dick wird, bevor der Amaranth gar ist.
5. In kleinen Schälchen servieren und mit Thymian garnieren.

## SHOPPING LIST

REICHT FÜR 3 bis 4 Portionen

- 15 Gramm getrocknete Steinpilze oder andere getrocknete Pilze
- 1 Esslöffel Olivenöl
- 50g fein gehackte Schalotten
- 1 Teelöffel gehackter frischer Thymian, plus mehr zum Garnieren
- 240g Amaranth
- 1/4 Teelöffel Salz
- Frisch gemahlener Pfeffer zum Abschmecken

NÄHRWERTE: KAL. 290KCAL | GESÄTTIGTE FETTSÄUREN 17G | FETT 5G | NATRIUM 410 MG | KOHLENHYDRATE 9G | BALLASTSTOFFE 3G | EIWEIß 12G

30 Min.

# GRÜNKOHL UND ARTISCHOCKEN FRITTATA MIT ASIAGO

## SHOPPING LIST

REICHT FÜR 6 Portionen

- 3 Esslöffel Olivenöl, geteilt
- 2 kleine Kartoffeln (vorzugsweise Yukon Gold), gewürfelt
- 1 mittelgroße Zwiebel, gewürfelt
- 8 Eier, verquirlt
- 80g geriebener Asiago-Käse, geteilt
- 250g gehackte Artischockenherzen
- 50 mL Milch
- 1/4 Teelöffel Salz
- 1/2 Teelöffel Pfeffer
- 1 Bund Toskanischer Grünkohl, Stiele entfernt, Blätter gewürfelt

## DIRECTIONS

1. Heizen Sie den Ofen auf 200°C vor.
2. Verrühren Sie in einer Schüssel die Eier, Milch, Salz, Pfeffer und die Hälfte des Käses.
3. Erhitzen Sie einen Esslöffel Olivenöl in einer großen gusseisernen Pfanne bei mittlerer bis niedriger Hitze. Geben Sie die Zwiebel und die Kartoffeln hinzu und kochen Sie sie etwa 10 Minuten lang.
4. Fügen Sie die Artischockenherzen und den Kohl hinzu und kochen Sie weitere 5 Minuten, bis der Kohl anfängt zu welken. Die Zwiebeln sollten weich sein und die Kartoffeln sollten goldbraun sein.
5. Geben Sie das Gemüse in eine Schüssel, wischen Sie die Pfanne mit Papiertüchern aus und geben Sie dann 2 Esslöffel Öl hinzu, sodass die gesamte Oberfläche bedeckt ist.
6. Geben Sie das Gemüse zurück in die Pfanne, gießen Sie die Eier-Milch-Mischung in die Pfanne und streuen Sie den restlichen Käse darüber.
7. Kochen Sie den Teig unter gelegentlichem Umrühren bei mittlerer Hitze etwa 10 Minuten, oder bis die Ränder anfangen, fest zu werden.
8. Stellen Sie die Pfanne in den Ofen und backen Sie sie weitere 10 Minuten, oder bis die Eier fest geworden und die Ränder goldbraun sind.
9. Lassen Sie das Omelett vor dem Servieren 5 Minuten abkühlen. Guten Appetit!

NÄHRWERTE: KAL. 310KCAL | GESÄTTIGTE FETTSÄUREN 13G | FETT 4G | NATRIUM 300 MG | KOHLENHYDRATE 20G | BALLASTSTOFFE 6G | EIWEIß 15G

20 Min.

# MEDITERRANES FRÜHSTÜCKSQUINOA MIT WALNÜSSEN, FEIGEN & APRIKOSEN

## SHOPPING LIST

REICHT FÜR 4 Portionen
PORTIONSGRÖßE 1 Tasse

- 250g Quinoa, gut abgespült
- 60g Walnüsse abgetropft
- 500 mL Wasser
- 4 extragroße getrocknete Eier (oder 8 kleinere getrocknete Eier)
- 500 mL Milch
- 8 getrocknete Aprikosenhälften
- 1 Teelöffel Zimt

NÄHRWERTE: KAL. 330KCAL | GESÄTTIGTE FETTSÄUREN 8G | FETT 1G | NATRIUM 55MG | KOHLENHYDRATE 45G | BALLASTSTOFFE 5G | EIWEIß 12G

## DIRECTIONS

1. Bringen Sie Wasser und Quinoa in einem kleinen Kochtopf zum Kochen. Reduzieren Sie die Hitze und lassen Sie die Quinoa zugedeckt etwa 15 Minuten köcheln, bis sich die äußere Schicht des Korns in einen lockigen Schwanz auflöst und die gesamte Flüssigkeit aufgesogen ist.
2. Während die Quinoa köchelt, hacken Sie die Feigen, Aprikosen und Walnüsse grob.
3. In einer großen Schüssel die gehackten Früchte und Nüsse sowie den Zimt vermengen.
4. Sobald die Quinoa fertig ist, geben Sie sie in den Topf und schwenken sie mit der Obst- und Nussmischung, bis sie gut vermischt ist.
5. Zum Servieren: Verteilen Sie die Quinoa-Mischung gleichmäßig auf vier Gläser und füllen Sie jedes Glas mit Milch auf. Über Nacht in den Kühlschrank stellen. (Dadurch werden die Früchte etwas weicher und die Aromen können sich vermischen). Alternativ können Sie die Quinoa-Mischung auch in einem abgedeckten Behälter im Kühlschrank aufbewahren. Wenn Sie die Quinoa-Mischung verzehren möchten, geben Sie einfach etwa 1 Tasse davon in eine Schüssel, fügen Sie die Milch hinzu und essen Sie sie wie ein normales kaltes Müsli.

# MITTAGESSEN

# EINTOPF AUS SAUBOHNEN UND TOMATEN

## SHOPPING LIST

REICHT FÜR 6 Portionen

- 10 Knoblauchzehen, fein gehackt
- 2 gehäufte Esslöffel gemahlener Koriander
- 1 Teelöffel frisch gemahlener schwarzer Pfeffer
- 5 Pfund grüne Bohnen, beide Enden abgeschnitten und in 1 1/2-Zoll-Stücke geschnitten
- 1 Teelöffel Meersalz
- 1 Chilischote, fein gewürfelt (optional)
- 6 Pflaumentomaten, gewürfelt, mit ihrem Saft
- 1 Dose zerdrückte Tomaten
- Saft von 1/2 Zitrone (etwa 3 Esslöffel)

NÄHRWERTE: KAL. 360 | FETT 9G | GESÄTTIGTE FETTSÄUREN 3G | NATRIUM 500 MG | KOHLENHYDRATE 22G | BALLASTSTOFFE 2G | EIWEIß 18G

## DIRECTIONS

1. Erhitzen Sie das Öl in einer Bratpfanne bei mittlerer Hitze und geben Sie die Schalotten hinzu.
2. Kochen Sie etwa 2-3 Minuten, bis sie weich und duftend sind. Fügen Sie den Knoblauch hinzu und kochen Sie weitere 2 Minuten, bis er goldbraun ist.
3. Mischen Sie den Koriander und den schwarzen Pfeffer in einer kleinen Schüssel.
4. Fügen Sie die grünen Bohnen und das Salz hinzu und mischen Sie gut. Streuen Sie die Gewürzmischung darüber und kochen Sie, bis es duftet. Reduzieren Sie die Hitze leicht, decken Sie den Topf ab und kochen Sie ihn 10 Minuten lang, oder bis die grünen Bohnen zart sind.
5. Fügen Sie die Tomaten hinzu, decken Sie sie ab und kochen Sie sie 5 Minuten lang, oder bis die Tomaten anfangen, weich zu werden. Geben Sie die zerdrückten Tomaten und den Zitronensaft hinzu. Sofort mit dem Chili servieren.

50 Min.

45 Min.

# FARRO UND GEGRILLTER GEMÜSESALAT MIT KRÄUTERN

## DIRECTIONS

1. Kochen Sie den Dinkel nach der auf der Packung angegebenen Zeit. Nach dem Garen das überschüssige Wasser abgießen und abkühlen lassen.
2. Schneiden Sie die Zucchini der Länge nach in Scheiben und dann die Zwiebel in runde Stücke. Bestreichen Sie beide Seiten der Zucchini und der Zwiebel mit 1 Esslöffel Olivenöl und würzen Sie sie mit Salz.
3. Heizen Sie einen Grill oder eine Bratpfanne bei mittlerer Hitze vor. Grillen Sie die Zucchini und die Zwiebel, bis sie zart und goldbraun sind, etwa 4 Minuten pro Seite. Lassen Sie sie abkühlen.
4. Schneiden Sie die gegrillten Zucchini und Zwiebeln in grobe Stücke. Geben Sie sie zusammen mit dem gekochten Farro, den Tomaten, dem Dill, der Petersilie, dem restlichen nativen Olivenöl extra, dem Zitronensaft, dem restlichen Salz und dem schwarzen Pfeffer in einen Topf. Rühren Sie um.
5. Er kann heiß, bei Zimmertemperatur oder kalt als Beilage serviert werden oder zu gegrilltem Lachs oder Huhn als Hauptgericht.

## SHOPPING LIST

REICHT FÜR 4 Portionen

- 250g ungekochter Dinkel (Farro)
- 2 mittelgroße Zucchini
- 1 kleine rote Zwiebel
- 3 Esslöffel kaltgepresstes Olivenöl, geteilt
- 1/4 Teelöffel Salz, geteilt
- 200g Traubentomaten, halbiert
- 2 Esslöffel gehackter frischer Dill
- 2 Esslöffel gehackte frische Blattpetersilie
- 2 Esslöffel natives Olivenöl extra
- 2 Esslöffel frischer Zitronensaft
- 1/4 Teelöffel frisch gemahlener schwarzer Pfeffer

NÄHRWERTE: KAL. 260 | FETT 11G | GESÄTTIGTE FETTSÄUREN 1,5G | NATRIUM 480 MG | KOHLENHYDRATE 30G | BALLASTSTOFFE 5G | EIWEIß 8G

30 Min.

# BRUSCHETTA MIT SOMMERKÜRBIS UND PAPRIKA

## SHOPPING LIST

REICHT FÜR 8 Portionen

- 1 Laib Ciabatta-Brot (Vollkorn, wenn verfügbar)
- 4 kleine Sommerkürbisse
- 2 rote Paprikaschoten
- 1 Knoblauchzehe
- 3 Esslöffel natives Olivenöl extra
- 100g frisch geriebener Parmigiano Reggiano

NÄHRWERTE: KAL. 390 KCAL | GESÄTTIGTE FETTSÄUREN 26G | FETT 4G | NATRIUM 290 MG | KOHLENHYDRATE 15G | BALLASTSTOFFE 5G | EIWEIß 7G

## DIRECTIONS

1. Heizen Sie den Grill oder Ofen auf 200°C vor.
2. Sommerkürbisse sollten der Länge nach in Scheiben geschnitten werden. Die Paprikaschoten sollten halbiert, entkernt und dann in ähnlich große Stücke wie der Sommerkürbis geschnitten werden.
3. Schneiden Sie das Bruschetta-Brot mit einem gezackten Messer.
4. Verteilen Sie die Brotscheiben gleichmäßig auf einem mit Alufolie ausgelegten Backblech. Beträufeln Sie die Oberseite mit der Hälfte des nativen Olivenöls extra. Backen Sie sie auf dem Grill oder im Ofen, bis sie anfangen zu bräunen und knusprig werden.
5. Nehmen Sie das Brot vom Grill und reiben Sie jedes Stück mit der Schnittfläche einer Knoblauchzehe ein. Bestreichen Sie jedes Stück mit dem restlichen nativen Olivenöl extra und einer Scheibe Sommerkürbis.
6. Grillen Sie das Gemüse 5 Minuten pro Seite oder backen Sie es für 10 Minuten, bis es goldbraun ist. Nach Belieben mit Parmesankäse bestreuen. Köstlich!

# KICHERERBSEN-WALNUSS-SANDWICHES

## SHOPPING LIST

REICHT FÜR 2 Sandwiches

- 1 (400 Gramm) Dose Kichererbsen, abgetropft und abgespült
- 80g gehackte Walnüsse
- 3 Esslöffel griechischer Joghurt, fettarm
- 1/2 Teelöffel Dijon-Senf
- 1 Esslöffel Honig
- 2 Esslöffel Frühlingszwiebeln, in dünne Scheiben geschnitten
- 4 Scheiben Vollkornbrot, getoastet
- Salat, Tomatenscheiben, zum Servieren, optional

NÄHRWERTE: 480 KCAL | GESÄTTIGTE FETTSÄUREN 16G | FETT 2G | NATRIUM 560 MG | KOHLENHYDRATE 56G | BALLASTSTOFFE 10G | EIWEIß 21G

## DIRECTIONS

1. Geben Sie die abgetropften und abgespülten Kichererbsen in eine mittelgroße Schüssel und zerdrücken Sie sie leicht mit einer Gabel, sodass große Kichererbsenstücke übrigbleiben.
2. Vermengen Sie die gehackten Walnüsse, den griechischen Joghurt, den Dijon-Senf, den Honig und die Schalotte in einer anderen Schüssel. Mit einer Gabel gründlich vermengen.
3. Verwenden Sie die vier Scheiben getoastetes Vollkornbrot und belegen Sie 2 Sandwiches mit der Brot-Kichererbsen-Mischung.
4. Wenn Sie möchten, können Sie die Sandwiches frischer und bunter machen, indem Sie sie mit Salat und frischen Tomatenscheiben bestreuen.

30 Min.

# ZITRONEN ARTISCHOCKEN SALAT

## SHOPPING LIST

REICHT FÜR 6 Portionen

Salat:
- 1 Bund Kopfsalat und Spinat
- 1 Beutel (400 Gramm) Artischockenherzen (frisch oder gefroren)
- 100 mL frischer Orangensaft
- Schale von einer Zitrone
- Schale von einer Orange

Dressing:
- 1 Teelöffel Senf
- 10 Esslöffel natives Olivenöl extra
- Saft von 1/2 Zitrone
- Saft von 1/2 Orange
- Salz und weißer Pfeffer nach Geschmack
- Für die Dekoration
- Feta oder bulgarischer Käse
- Walnüsse und getrocknete Zitronen- oder Orangenscheiben

NÄHRWERTE: KAL. 150KCAL | FETT 12G | GESÄTTIGTE FETTSÄUREN 1,5G | NATRIUM 100 MG | KOHLENHYDRATE 9G | BALLASTSTOFFE 4G | EIWEIß 10G

## DIRECTIONS

1. Schneiden Sie die Artischockenherzen in vier Teile.
2. Bringen Sie den Orangensaft, das Salz und den weißen Pfeffer in einem Kochtopf zum Kochen.
3. Kochen Sie die Artischockenviertel unter gelegentlichem Rühren etwa 12-15 Minuten lang. Nach dem Kochen die Artischocken abtropfen lassen.
4. Bereiten Sie das Dressing in einer Schüssel zu, indem Sie den Senf, das Olivenöl, den Zitronensaft und den Orangensaft miteinander verquirlen. Mit Salz und Pfeffer abschmecken.
5. Kombinieren Sie das Blattgemüse in einer großen Schüssel und bedecken Sie es dann mit den abgetropften und gekochten Artischocken. Bestreuen Sie das Ganze mit der Orangen- und Zitronenschale.
6. Gießen Sie eine kleine Menge des Senfdressings über den Salat und reservieren Sie den Rest für die Beilage.
7. Fügen Sie Walnüsse, getrocknete Zitronen- oder Orangenscheiben und Käse zum Garnieren hinzu.

30 Min.

# NUDELSALAT MIT GERÖSTETEM SPARGEL, KARAMELLISIERTEN ROTEN ZWIEBELN UND ZIEGENKÄSE

## SHOPPING LIST

REICHT FÜR 6 Portionen

- 450 Gramm Vollkorn-Rotini-Nudeln
- 4 Esslöffel natives Olivenöl extra
- 1 rote Zwiebel, in dünne Scheiben geschnitten
- 200g zerbröckelter Ziegenkäse
- 1 Bund Spargel, schräg in Scheiben geschnitten
- 2 Esslöffel Zitronensaft
- 1/2 Teelöffel Salz, geteilt
- Schwarzer Pfeffer nach Geschmack

NÄHRWERTE: KAL. 350KCAL | FETT 15G | GESÄTTIGTE FETTSÄUREN 4G | NATRIUM 340 MG | KOHLENHYDRATE 50G | BALLASTSTOFFE 6G | EIWEIß 11G

## DIRECTIONS

1. Heizen Sie den Ofen auf 220°C vor.
2. Bringen Sie einen großen Topf mit Wasser zum Kochen und kochen Sie die Nudeln 1 Minute kürzer als in der Packungsanleitung angegeben. Abgießen, mit 1 Esslöffel Öl schwenken, durchschwenken und auf einem Tablett abkühlen lassen.
3. In der Zwischenzeit würzen Sie den Spargel mit Salz und Pfeffer und schwenken ihn mit 1 Esslöffel Olivenöl. Backen Sie ihn etwa 15 Minuten lang im Ofen, bis er goldbraun ist.
4. Nach dem Herausnehmen aus dem Ofen abkühlen lassen.
5. Erhitzen Sie 1 Esslöffel Olivenöl in einer Bratpfanne. Würzen Sie mit Salz und Pfeffer und kochen Sie unter Rühren, bis die Zwiebeln karamellisiert sind, etwa 15 Minuten. Nehmen Sie die Pfanne vom Herd und lassen Sie sie abkühlen.
6. Sobald alles etwas abgekühlt ist, vermengen Sie die Pasta, den Spargel, die karamellisierten Zwiebeln, den Zitronensaft und das restliche Olivenöl in einer großen Schüssel. Würzen Sie mit Meersalz und frisch gemahlenem Pfeffer.
7. Wenn Sie bereit zum Servieren sind, geben Sie den zerbröckelten Ziegenkäse über das Gericht.

# SCHWARZER LINSENSALAT MIT BLUMENKOHL UND GETROCKNETEN KIRSCHEN

## SHOPPING LIST

REICHT FÜR 4 PORTIONSGRÖßE 1/4 Rezept

- 1 Kopf Blumenkohl, in mundgerechte Stücke gehackt
- 4 Esslöffel Olivenöl, geteilt
- 1/4 Teelöffel Salz
- 1/4 Teelöffel Pfeffer
- 2 Esslöffel Zitronensaft
- 70g getrocknete Kirschen
- 50g Pistazien
- 250g Freekeh oder Farro
- 150g schwarze Linsen
- 1 Teelöffel Dijon-Senf
- Garnierung: gehackte frische Minze, optional

## DIRECTIONS

1. Heizen Sie den Ofen auf 220°C vor. Würzen Sie den Blumenkohl mit 1 Esslöffel Olivenöl, Salz und Pfeffer und rösten Sie ihn, bis er goldbraun ist, etwa 25 Minuten.
2. Während der Blumenkohl kocht, kochen Sie den Freekeh oder Farro nach Packungsanweisung.
3. Weichen Sie die Linsen mit ein paar Zentimetern Wasser in einem separaten Topf ein und kochen Sie sie nach Packungsanweisung.
4. Mischen Sie die 3 Esslöffel Olivenöl, den Dijon-Senf und den Zitronensaft für das Dressing zusammen.
5. Gießen Sie das überschüssige Wasser aus dem Freekeh oder Dinkel und den Linsen ab, geben Sie sie in eine große Schüssel und mischen Sie sie mit dem gekochten Blumenkohl, den getrockneten Kirschen, den Pistazien und dem Dressing. Schmecken Sie ab und passen Sie die Gewürze an. Garnieren Sie nach Belieben mit gehackter frischer Minze.

NÄHRWERTE: KAL. 540 KCAL | FETT 20G | GESÄTTIGTE FETTSÄUREN 2.5G | NATRIUM 260 MG | KOHLENHYDRATE 80G | BALLASTSTOFFE 14G | EIWEIß 19G

55 Min.

# GEBRATENES GEMÜSE & FETA-AUFLAUF

## SHOPPING LIST

REICHT FÜR 6 Portionen

- 1 rote Paprika
- 2 mittelgroße Auberginen
- 1 Pfeffer
- 3 Esslöffel Chili-Öl, plus extra zum Bestreuen
- 2 mittelgroße Zucchini
- 10 Datteln, grob zerkleinert
- 150g abgespült und abgetropft
- Kichererbsen oder Bohnen aus der Dose
- Kleiner Strauß frischer Minzblätter, gehackt
- Kleiner Strauß frischer Korianderblätter, gehackt
- 2 Knoblauchzehen, gehackt
- 60g Feta-Käse, in Scheiben geschnitten oder zerbröckelt
- Saft einer halben frischen Zitrone
- Frisch gemahlener Pfeffer und Salz nach Geschmack

## DIRECTIONS

1. Stellen Sie den Ofen auf 180°C und heizen Sie ihn vor.
2. Stechen Sie die Auberginen ein, damit die Feuchtigkeit während des Kochens entweicht. Legen Sie sie zusammen mit den Paprikaschoten und Zucchini auf ein Backblech. Braten Sie die Auberginen etwa 10 Minuten lang oder bis die Schalen Blasen werfen und leicht braun werden. Wenn sie gar sind, die Auberginen und Zucchini in Stücke schneiden.
3. Beträufeln Sie das Gemüse mit Chili-Öl und Zitronensaft; würzen Sie es mit frisch gemahlenem schwarzen Pfeffer und Salz nach Geschmack.
4. Kombinieren Sie Kichererbsen, Bohnen, Datteln, Minze, Koriander und Knoblauch in einer großen Schüssel.
5. In einer Auflaufform oder ofenfesten Form schichten Sie abwechselnd die geröstete Gemüsemischung und den in Scheiben geschnittenen oder zerbröckelten Feta-Käse.
6. Mit Toast oder Fladenbrot servieren. Guten Appetit!

NÄHRWERTE: KAL. 310KCAL | FETT 12G | GESÄTTIGTE FETTSÄUREN 3G | NATRIUM 180 MG | KOHLENHYDRATE 48G | BALLASTSTOFFE 10G | EIWEIß 6G

1 S.
30 Min.

NÄHRWERTE: KAL. 310 KCAL | FETT 16G | GESÄTTIGTE FETTSÄUREN 4.5G | NATRIUM 460 MG | KOHLENHYDRATE 32G | BALLASTSTOFFE 5G | EIWEIß 11G

# GEMÜSEKUCHEN MIT FETA

## SHOPPING LIST

REICHT FÜR 16
PORTIONSGRÖßE 1/4 Rezept

Kruste:

- 900g gekeimtes Vollkornmehl
- 40g Olivenöl
- 460 mL Wasser
- 1 Esslöffel Backpulver
- 1 Teelöffel Salz

Die Füllung:

- 1 kleine rote Zwiebel, fein gehackt
- 2 Eier, leicht verquirlt
- 60 g Sesamsamen
- 2 Esslöffel Milch
- 3 Frühlingszwiebeln, in dünne Scheiben geschnitten
- 2 Esslöffel frischer Dill, gehackt
- 1 Teelöffel Salz
- 350 g normaler griechischer Joghurt
- 1 kg gehacktes Blattgemüse (wie Grünkohl oder Spinat)
- 60 g Vollkornbrotkrümel
- 250 g zerbröckelter Feta-Käse (kann durch Manouri-Käse ersetzt werden)
- 1 Teelöffel schwarzer Pfeffer

## DIRECTIONS

1. Heizen Sie den Ofen auf 190°C vor. Vermischen Sie in einer großen Schüssel das Mehl, das Backpulver und das Salz. Verreiben Sie den Teig mit den Händen und fügen Sie nach und nach das Öl hinzu, bis Sie die Konsistenz von Paniermehl erhalten. Nachdem Sie den Teig gründlich durchgeknetet haben, wickeln Sie ihn in Frischhaltefolie ein und stellen ihn 20 Minuten lang zur Seite, damit er ruhen kann.
2. Kombinieren Sie Zwiebel, Schalotte und Gemüse mit Dill und 1 Teelöffel Salz. Kneten Sie das Gemüse.
3. Vermengen Sie die grüne Mischung, den Käse, den Joghurt, die Semmelbrösel und den Pfeffer in einem großen Topf und fügen Sie dann die Eier hinzu.
4. Fetten Sie eine Backform mit Öl ein und bestreuen Sie sie mit 2 Esslöffeln Sesamsamen. Rollen Sie 2/3 des Teigs zu einem großen Rechteck aus und legen Sie es in die Backform, sodass der Teig leicht über den Rand fällt.
5. Füllen Sie das Backblech zur Hälfte mit der Gemüsemischung. Rollen Sie den restlichen Teig aus und legen Sie ihn auf die Gemüsemischung. Drücken Sie die Ränder zusammen, um die obere und untere Kruste zu verschließen.
6. Stechen Sie mit einer Gabel vorsichtig und gleichmäßig in die Oberseite der Kruste. Benutzen Sie die Milch, um die Oberseite des Kuchens leicht anzufeuchten und bestreuen Sie ihn mit den restlichen 2 Esslöffeln Sesamsamen. Backen Sie den Kuchen eine Stunde lang und lassen Sie ihn dann zehn Minuten abkühlen, bevor Sie ihn in sechzehn Stücke schneiden. (Er kann auch als Vorspeise oder Beilage serviert werden). Guten Appetit!

# HUMMUS UND VEGGIE-WRAPS

## SHOPPING LIST

REICHT FÜR 1 Portion (1 Wrap)

- 1 Vollkorn-Tortilla
- 60g Hummus
- 2 Esslöffel geschredderte Möhren
- 50g geschredderter Kopfsalat
- 1 mittelgroße Salatgurke, geschält und in Scheiben geschnitten
- 2 Esslöffel gehackte geröstete rote Paprikaschoten
- 2 Esslöffel gehackte Walnüsse, geröstet

NÄHRWERTE: KAL. 360 KCAL | FETT 17G | GESÄTTIGTE FETTSÄUREN 2G | NATRIUM 410 MG | KOHLENHYDRATE 37G | BALLASTSTOFFE 8G | EIWEIß 12G

## DIRECTIONS

1. Arbeiten Sie auf einer ebenen Fläche. Dehnen Sie die Tortilla und verteilen Sie den Hummus darauf, wobei Sie die Oberseite frei lassen.
2. Bedecken Sie die Tortilla gleichmäßig und rollen Sie sie von unten her auf, wobei Sie das Gemüse und den Salat fest zusammendrücken. Wenn die Tortilla gut eingewickelt ist, bewahren Sie sie an einem kühlen Ort auf, bis Sie sie servieren möchten.

5 Min.

15 Min.

# AVOCADO SUPER SOMMER-WRAP

## SHOPPING LIST

REICHT FÜR 4 Wraps
PORTIONSGRÖẞE 1 Wrap

- 1 mittelgroße Avocado, geschält und gewürfelt
- 100g griechischer Joghurt, fettfrei
- 1 Teelöffel Zitronensaft
- 2 frischer Rucola, zerkleinert
- 300g gekochte Hühnerbrust
- 4 Tortilla-Wraps (Vollkorn)
- 50g Heidelbeeren
- 100g geriebene Möhren
- 50g rote Zwiebel, gehackt

NÄHRWERTE: KAL. 350 KCAL | FETT 13G | GESÄTTIGTE FETTSÄUREN 2G | NATRIUM 380 MG | KOHLENHYDRATE 33G | BALLASTSTOFFE 5G | EIWEIẞ 28G

## DIRECTIONS

1. Für das Dressing pürieren Sie die Hälfte der Avocadostücke mit dem Joghurt und dem Zitronensaft in einer mittelgroßen Schüssel.
2. Vermengen Sie vorsichtig die restlichen Zutaten für die Füllung, einschließlich der restlichen Avocado-Stücke.
3. Jede Tortilla mit 1/4 der Füllung belegen. Aufrollen und die Enden einschlagen.
4. Schneiden Sie jeden Wrap diagonal in die Hälfte und sichern Sie ihn gegebenenfalls mit Zahnstochern.

# ALTMODISCHES FATTOUSH

## SHOPPING LIST

REICHT FÜR 6 Portionen

Für den Salat:
- 2 Vollkorn-Pita-Brote
- 8 geschnittene Frühlingszwiebeln, weiße und grüne Teile1 kleiner Kopf Römersalat
- 8 Radieschen, in Scheiben geschnitten oder halbiert
- 2 Salatgurken, geschält und in Scheiben geschnitten
- 3 mittelgroße Tomaten, in dicke Würfel geschnitten
- gehackte Petersilie
- gehackte frische Minze oder 2 Teelöffel zerbröckelte getrocknete Minze

Für das Dressing:
- 40 mL frischer Zitronensaft
- 20g natives Olivenöl extra
- 1 oder 2 Knoblauchzehen, nach Geschmack
- 1 Teelöffel Salz

NÄHRWERTE: KAL. 200 KCAL | FETT 10G | GESÄTTIGTE FETTSÄUREN 1G | NATRIUM 520 MG | KOHLENHYDRATE 24G | BALLASTSTOFFE 6G | EIWEIß 8G

## DIRECTIONS

1. Teilen Sie jedes Brot in zwei Hälften, sodass Sie 4 dünne Brotscheiben haben. Toasten Sie das Brot unter dem Grill leicht an, gerade so viel, dass es golden und knusprig wird. Brechen Sie das knusprige Brot in kleine Stücke und legen Sie es auf den Boden einer großen Salatschüssel.
2. Kombinieren Sie den Salat in der angegebenen Reihenfolge und bestreuen Sie ihn zum Schluss mit Petersilie und Minze.
3. Zerdrücken und hacken Sie den Knoblauch mit der flachen Klinge eines Messers grob. Zerdrücken Sie den Knoblauch separat mit der Rückseite eines Löffels in einer kleinen Schüssel.
4. Vermengen Sie den zerdrückten Knoblauch mit dem Öl, dem Salz und dem Zitronensaft mit einer Gabel und vermengen Sie alles gleichmäßig. Gießen Sie das Dressing über den Salat und bestreuen Sie ihn mit schwarzem Pfeffer.
5. Nehmen Sie die Salatschüssel mit zu Tisch und mischen Sie die Zutaten vor dem Servieren, damit das Brot nicht matschig wird.

15 Min.

15 Min.

# SPAGHETTI MIT KNOBLAUCH, ÖL UND CHILISCHOTEN

## SHOPPING LIST

REICHT FÜR 4 Portionen

- 340g Spaghetti (vorzugsweise Vollkorn)
- Scharfe rote Paprika nach Geschmack
- 1 Esslöffel gehackte Petersilie
- 40g natives Olivenöl extra
- 3 Knoblauchzehen
- Salz nach Geschmack

NÄHRWERTE: KAL. 360 KCAL | FETT 8G | GESÄTTIGTE FETTSÄUREN 1G | NATRIUM 330 MG | KOHLENHYDRATE 68G | BALLASTSTOFFE 2G | EIWEIß 12G

## DIRECTIONS

1. Kochen Sie einen großen Topf mit Wasser und Salz.
2. Während das Wasser kocht, braten Sie den Knoblauch und den Chili in einer Pfanne an, die groß genug ist, um die Spaghetti aufzunehmen.
3. Sobald der Knoblauch goldbraun ist, schalten Sie die Hitze aus und nehmen ihn nach zwei oder drei Minuten heraus. Achten Sie darauf, dass der Knoblauch nicht schwarz wird, sonst schmeckt er bitter. Verwenden Sie die Pfanne mit der Sauce zum Würzen der Spaghetti
4. Wenn das Wasser kocht, geben Sie die Nudeln in reichlich Salzwasser und kochen sie nach der auf der Packung angegebenen Zeit.
5. Während die Pasta kocht, hacken Sie die Petersilie fein. Wenn die Spaghetti fertig sind, lassen Sie sie abtropfen und geben sie für ein paar Minuten unter Rühren bei starker Hitze in die Pfanne.
6. Fügen Sie die Petersilie hinzu. Heiß servieren. Genießen Sie Ihr Essen!

40 Min.

# WINTER KISIR

## DIRECTIONS

1. Geben Sie die gehackten Rüben und etwa 2L. Wasser in einen Topf. Reduzieren Sie die Hitze auf mittlere bis niedrige Stufe, sobald das Wasser zum Kochen kommt. Etwa 10 Minuten köcheln lassen.
2. Nehmen Sie die Rüben vom Herd und pürieren Sie sie mit dem Wasser in einem Mixer, während die Mischung noch heiß ist.
3. Vermengen Sie in einer großen Schüssel das heiße Rote-Bete-Püree, den Bulgur und 1/2 Teelöffel Salz. Mit einer Gabel gründlich durchmischen, abdecken und 30 Minuten lang beiseite stellen.
4. Wenn der Bulgur fertig ist, rühren Sie ihn mit einer Gabel um und geben das Olivenöl, die Granatapfelmelasse und eine Prise Salz hinzu. Dann fügen Sie die restlichen Zutaten hinzu.
5. Trennen Sie die Blätter vom Kopf des Römersalats ab. Für die Salattassen geben Sie einen kleinen Löffel Kisir in jedes Salatblatt. Guten Appetit!

## SHOPPING LIST

REICHT FÜR 6 Portionen

- 250g Bulgur
- 2 Esslöffel Zitronensaft
- 1 mittelgroße rote Rübe, geschält und gehackt
- 1 Kopf Romana-Salat
- 2 Esslöffel gehackter Dill
- 4 Esslöffel kaltgepresstes Olivenöl, geteilt
- 2 Esslöffel Granatapfel-Melasse
- 300g klein gewürfelte Gurke
- Gehackte Petersilie
- Gehackte Minze
- 1 Teelöffel Salz, plus mehr zum Abschmecken

NÄHRWERTE: KAL. 220 KCAL | FETT 12G | GESÄTTIGTE FETTSÄUREN 1G | NATRIUM 200 MG | KOHLENHYDRATE 27G | BALLASTSTOFFE 5G | EIWEIß 5G

55 Min.

# FARRO-SALAT MIT GERÖSTETEN KICHERERBSEN UND BLUMENKOHL

## SHOPPING LIST

REICHT FÜR 4 Portionen

- 1 Kopf Blumenkohl
- 1 (400 Gramm) Dose Kichererbsen, abgetropft und abgespült
- 1/3 Teelöffel Pfeffer
- 50g getrocknete Kirschen, vorzugsweise ungesüßt
- 3 Esslöffel Pinienkerne (oder eine andere Nuss)
- 60g zerbröckelter Feta
- 3 Esslöffel Olivenöl, geteilt
- 1/2 + 1/2 Teelöffel Salz, geteilt
- 1 Teelöffel Kreuzkümmel
- 250g ungekochter Vollkorn Farro
- Saft von 1 Zitrone

## DIRECTIONS

1. Heizen Sie den Ofen auf 200°C vor. Schneiden Sie den Blumenkohl in mundgerechte Röschen.
2. Würzen Sie die Kichererbsen mit Olivenöl, Salz und Kreuzkümmel. Geben Sie den Blumenkohl in den Ofen und kochen Sie ihn eine halbe Stunde lang, wobei Sie darauf achten sollten, ihn während des Kochens ein- oder zweimal zu wenden. Während der Blumenkohl gart, kochen Sie in einem Topf Wasser und kochen den Dinkel, bis er weich und gar ist.
3. Um das Dressing zuzubereiten, verquirlen Sie den Zitronensaft, den Pfeffer, das restliche Salz und das Olivenöl in einer kleinen Schüssel.
4. Gießen Sie die überschüssige Flüssigkeit vom Farro ab und geben Sie ihn in eine große Schüssel.
5. Kombinieren Sie die gekochten Kichererbsen und den Blumenkohl sowie das Zitronendressing, die getrockneten Kirschen, die Pinienkerne und den Feta in einer großen Schüssel. Sofort servieren. Guten Appetit!

NÄHRWERTE: KAL. 490 KCAL | FETT 18G | GESÄTTIGTE FETTSÄUREN 4G | NATRIUM 500 MG | KOHLENHYDRATE 67G | BALLASTSTOFFE 5G | EIWEIß 11G

# BRODETTO

## SHOPPING LIST

REICHT FÜR 10 Portionen

- 1.5kg gemischter frischer Fisch, in mundgerechte Stücke geschnitten und Muscheln.
- 2 Esslöffel Rotweinessig
- 2 Zwiebeln, fein gewürfelt
- 5 Esslöffel Natives Olivenöl extra
- Salz und gemahlener schwarzer Pfeffer nach Geschmack
- Schale von einer Zitrone
- 2 große Knoblauchzehen, gehackt
- 400g geschälte, entkernte und gehackte Tomaten
- 200 mL trockener Weißwein
- Falls gewünscht, mit Tahini beträufeln.

NÄHRWERTE: KAL. 310 KCAL | FETT 14G | GESÄTTIGTE FETTSÄUREN 2G | NATRIUM 480 MG | KOHLENHYDRATE 7G | BALLASTSTOFFE 1G | EIWEIß 21G

## DIRECTIONS

1. Bereiten Sie in einem Topf eine Pfanne mit 3 Esslöffeln Öl und Zwiebeln vor. Kochen Sie bei niedriger Hitze, bis die Zwiebeln leicht braun werden, etwa 5 Minuten. Geben Sie nun den Essig und den Wein hinzu. Wenn nötig, fügen Sie einen Tropfen Wasser hinzu.
2. Wenn Sie Tintenfisch verwenden, kochen Sie ihn etwa 20 Minuten oder bis er weich ist, bevor Sie die restlichen Meeresfrüchte hinzufügen. Schichten Sie den Fisch mit festem Fleisch in die Pfanne und schließen Sie mit den dünneren, flockigen Filets ab. Richten Sie die Muscheln und Garnelen darauf an.
3. Geben Sie nun den Essig und den Wein hinzu. Wenn nötig, fügen Sie einen Tropfen Wasser hinzu.
4. Rühren Sie häufig um, bis der Essig und der Wein verdampft sind.
5. Fügen Sie eine Prise Salz und eine großzügige Prise schwarzen Pfeffer hinzu.
6. Fügen Sie die Zitronenschale und den Knoblauch hinzu, halten Sie die Hitze niedrig und kochen Sie für ein paar Minuten.
7. Geben Sie die Tomaten hinzu und kochen Sie bei mittlerer Hitze weitere 15 Minuten oder bis sie eingedickt sind. Die Mischung sollte um etwa ein Drittel einkochen, und es sollte keine Spur von Alkohol zurückbleiben.
8. Wenn Sie Tintenfisch verwenden, kochen Sie ihn etwa 20 Minuten oder bis er weich ist, bevor Sie die restlichen Meeresfrüchte hinzufügen. Schichten Sie den Fisch mit festem Fleisch in die Pfanne und schließen Sie mit den dünneren, flockigen Filets ab. Richten Sie die Muscheln und Garnelen darauf an. Drücken Sie den Fisch mit der Rückseite eines Holzspatels vorsichtig in die Sauce.
9. Verteilen Sie das Brodetto in Suppentellern oder Schüsseln. Genießen Sie es!

15 Min.

# MEDITERRANES HÄHNCHEN-SANDWICH

## SHOPPING LIST

REICHT FÜR 1 Sandwich

- 1 Esslöffel frischer Zitronensaft
- 1 Hühnerbrust ohne Knochen und ohne Haut
- 5 oder 6 Gurkenscheiben
- 2 Esslöffel gewürfelte Tomatenstücke
- 1 Esslöffel Petersilie, gehackt
- Salz und Pfeffer, nach Geschmack
- 1 Vollkornpita
- 2 Kopfsalatblätter
- 2 Esslöffel Sprossen
- 1 Esslöffel Tahini, wahlweise

## DIRECTIONS

1. Bereiten Sie die Marinade für das Huhn mit einer Würzmischung aus Zitronensaft, Salz und Pfeffer zu. Bestreuen Sie die Hähnchenbrust großzügig mit der Marinade und lassen Sie sie einige Zeit im Kühlschrank ruhen (nach etwa einer Stunde ist das Huhn weicher und schmackhafter). Wenn die Marinade fertig ist, erhitzen Sie einen Grill oder eine Bratpfanne bei starker Hitze und braten Sie das Huhn etwa 10 Minuten lang. Lassen Sie die Hähnchenbrust etwas abkühlen, bevor Sie sie in dünne Scheiben schneiden.
2. Schneiden Sie das Fladenbrot in zwei Hälften. Füllen Sie jede Sandwichtasche mit Salat, Hähnchen, Gurkenscheiben, Tomatenwürfeln, Petersilie und Sprossen.
3. Falls gewünscht, mit Tahini beträufeln. Köstlich!

NÄHRWERTE: KAL. 320 KCAL | FETT 4G | GESÄTTIGTE FETTSÄUREN 1G | NATRIUM 350 MG | KOHLENHYDRATE 38G | BALLASTSTOFFE 5G | EIWEIß 21G

# FRÜHLINGSSUPPE MIT REIS

## SHOPPING LIST

REICHT FÜR 2 Portionen

- 300g Spargel, getrimmt und geschält
- 500 mL Hühnerbrühe
- 150 Gramm Babyspinatblätter, geschnitten und zerrissen
- 1 Esslöffel Butter
- 1 mittelgroße Zwiebel, gewürfelt
- 40 mL frisch gepresster Zitronensaft
- 120g Langkornreis
- 1 Teelöffel frische Thymianblätter
- 1/2 Teelöffel frisch gemahlener schwarzer Pfeffer
- 50g frisch geriebener Pecorino Romano Käse

NÄHRWERTE: KAL. 270 KCAL | FETT 7G | GESÄTTIGTE FETTSÄUREN 2G | NATRIUM 550 MG | KOHLENHYDRATE 19G | BALLASTSTOFFE 7G | EIWEIß 8G

## DIRECTIONS

1. Legen Sie die Spargelspitzen beiseite und schneiden Sie den Rest in 3-4 cm Stücke.
2. Schmelzen Sie die Butter in einem Topf bei niedriger Hitze. Braten Sie die Zwiebel und die Spargelspitzen bei mittlerer Hitze etwa 5 Minuten lang an. Geben Sie nun einige Esslöffel Brühe oder einen Schuss Wasser hinzu und kochen Sie weitere 5 Minuten, oder bis die Zwiebel glasig und der Spargel weich ist.
3. Geben Sie die restliche Brühe hinzu. Mit Salz abschmecken und zum Kochen bringen. Geben Sie die Spargelstücke, den Spinat, den Thymian und den Pfeffer hinzu und köcheln Sie etwa 10 Minuten lang.
4. Nehmen Sie die Suppe vom Herd und pürieren Sie sie kurz in einer Küchenmaschine oder mit einem Stabmixer, bis die gewünschte Konsistenz erreicht ist.
5. Bringen Sie die Suppe wieder zum Kochen und kochen Sie den Reis, bis er weich ist (ca. 10 Minuten oder 30-40 Minuten für braunen Reis). Fügen Sie den Käse hinzu und decken Sie die Suppe ab; stellen Sie sie für 2 bis 3 Minuten beiseite. Heiß oder kalt servieren. Guten Appetit!

45 Min.

# ABENDESSEN

# FREEKEH MIT ROSENKOHL, GEMISCHTEN FRÜCHTEN UND HONIG

## SHOPPING LIST

REICHT FÜR: 4 Portionen

- 250g Vollkorn Freekeh
- 4 Esslöffel Öl
- 1 mittelgroße Zwiebel, gewürfelt
- 2 Esslöffel Honig
- 1/2 Medium Zitronensaft
- 40g getrocknete Preiselbeeren
- 400g Rosenkohl, äußere Blätter geschält, entstielt
- Kerne von 1/2 Granatapfel
- 1 Granny Smith Apfel, geschält und gewürfelt
- Petersilie, gehackt
- 1/2 Teelöffel Salz oder nach Geschmack
- Gemahlener schwarzer Pfeffer nach Geschmack

NÄHRWERTE:: 300KCAL | FETT 19G | KOHLENHYDRATE 45G | BALLASTSTOFFE 13G | EIWEIß 13G

## DIRECTIONS

1. Bringen Sie 250g Freekeh und 500 mL Wasser oder Brühe in einem kleinen Kochtopf zum Kochen.
2. Wenn es kocht, reduzieren Sie die Hitze auf niedrig und rühren Sie um. Abgedeckt 20-25 Minuten kochen lassen. Vom Herd nehmen und für 5 Minuten beiseitestellen. Entfernen Sie die restliche Flüssigkeit.
3. Heizen Sie den Ofen auf 200°C vor.
4. Würzen Sie den Rosenkohl mit 2 Esslöffeln Öl und 1/8 Teelöffel Salz; verteilen Sie ihn auf einem mit Pergamentpapier ausgelegten Backblech und rösten Sie ihn 20 Minuten lang. Stellen Sie ihn beiseite, oder bereiten Sie diesen Schritt einen Tag vorher vor und bewahren Sie den gekochten Rosenkohl in einem luftdichten Behälter über Nacht im Kühlschrank auf.
5. Geben Sie 2 Esslöffel Öl in eine große Bratpfanne bei mittlerer bis niedriger Hitze. Braten Sie die Zwiebeln ein paar Minuten lang oder bis sie weich und durchscheinend sind. Vermeiden Sie es, die Zwiebeln zu karamellisieren. Braten Sie die Zwiebeln mit dem gewürfelten Apfel und dem Zitronensaft noch ein paar Minuten weiter, bis die Äpfel weich, aber nicht matschig sind. Braten Sie die Zwiebeln noch ein paar Minuten weiter an und fügen Sie den Honig, 1/8 Teelöffel Salz und frisch gemahlenen schwarzen Pfeffer hinzu.
6. Erhitzen Sie den Freekeh und den Rosenkohl zusammen mit den Zwiebeln und den Äpfeln für ein paar Minuten in der Pfanne. Sie müssen nur heiß sein. Geben Sie die getrockneten Cranberries, Granatapfelkerne und Petersilie in die Pfanne und nehmen Sie sie vom Herd. Mit Salz und gemahlenem schwarzen Pfeffer abschmecken und heiß oder bei Zimmertemperatur servieren.

Anmerkung des Kochs: Sie können den gesamten Salat ein paar Tage im Voraus zubereiten und in einem luftdichten Behälter im Kühlschrank aufbewahren. Erhitzen Sie ihn einige Minuten vor dem Servieren in einer Pfanne bei niedriger/ mittlerer Hitze. Garnieren Sie den Salat kurz vor dem Servieren mit zusätzlichen frischen Petersilienblättern. Das Gericht kann bis zu fünf Tage im Kühlschrank aufbewahrt werden.

1 S.
15 Min.

35 Min.

# FALAFEL FRITTER HUMMUS SCHALEN

## DIRECTIONS

1. Heizen Sie den Ofen auf 190°C vor.
2. Die Falafel auf ein mit Backpapier ausgelegtes Backblech legen. Um knusprige Frikadellen zu erhalten, bestreichen Sie sie vor dem Backen mit Öl und backen sie 20 Minuten lang oder bis sie goldbraun sind.
3. Mischen Sie den geschredderten Kohl und die geschredderten Möhren in einer Schüssel.
4. Kombinieren Sie separat die Zutaten für die Tahinisauce zum Beträufeln.
5. Stellen Sie Ihre Schüsseln her, indem Sie den Hummus gleichmäßig in einer kreisförmigen Bewegung in einer Schüssel verteilen. Geben Sie des geschredderten Kohls und der Karotten hinzu, legen Sie die warmen Falafelbällchen darauf und beträufeln Sie sie mit der Tahinisauce. Genießen Sie es!

## SHOPPING LIST

REICHT FÜR: 4 Portionen

- 8 Stück fertige Falafel-Pfannkuchen
- 500g gemischter geschredderter Kohl
- 300g frisch geraspelte Möhren
- 60g Tahini (Sesampaste)
- 20 mL Zitronensaft
- 1 Knoblauchzehe, zerdrückt
- 250g Hummus
- 120 mL Wasser
- Salz nach Geschmack
- Tahini-Sauce

NÄHRWERTE::
320KCAL | FETT 19G | KOHLENHYDRATE 30G | BALLASTSTOFFE 4G | EIWEIß 12G

1 S

NÄHRWERTE:: 510 KCAL | FETT 15G | KOHLENHYDRATE 56G | BALLASTSTOFFE 7G | EIWEIß 39G

# MEDITERRANE SCHÜSSEL MIT GEBACKENEM LACHS, QUINOA UND TZATZIKI

## SHOPPING LIST

REICHT FÜR: 4 Portionen

- 500g Lachs
- 1 Esslöffel Olivenöl, geteilt
- 1/2 Teelöffel Salz
- 1/2 Esslöffel gemahlener schwarzer Pfeffer
- 3 Knoblauchzehen, gehackt, geteilt
- 1 Zitrone, halbiert, geteilt
- 1 Esslöffel gemahlener Sumach
- 1/2 Esslöffel Cayennepfeffer
- 1/2 Esslöffel getrockneter Oregano
- Saft und Schale der reservierten 1/2 Zitrone
- 1 rote Paprika, in Würfel geschnitten
- 150g Kirschtomaten, geviertelt
- 60g halbierte Kalamata-Oliven
- 140g Fetakäse, in Würfel geschnitten
- 2 Zucchinis, in große Stücke geschnitten
- 300g ungekochte Quinoa
- 170g griechischer Joghurt
- 2 kleine Gurken, 1 gewürfelt und 1 gehackt, geteilt
- 1 Esslöffel getrockneter Dill

## DIRECTIONS

1. Heizen Sie den Ofen auf 200°C vor.
2. Bereiten Sie die Marinade für den Lachs mit Cayennepfeffer, Olivenöl, Sumach, Oregano, Salz, Pfeffer, 3 gehackten Knoblauchzehen, dem Saft einer halben Zitrone und der Schale zu (behalten Sie eine weitere halbe Zitrone zurück). Geben Sie den Lachs in die Marinade und lassen Sie ihn mindestens 30 Minuten marinieren.
3. Besprühen Sie ein Backblech mit Antihaft-Kochspray oder legen Sie es mit Alufolie aus. Geben Sie den marinierten Lachs, die Paprika und die Zucchini auf das Backblech und gießen Sie die restliche Marinade darüber. Braten Sie den Lachs für 15-20 Minuten.
4. Während der Lachs und das Gemüse garen, bereiten Sie die Quinoa zu.
5. Bereiten Sie dann die Tzatziki-Sauce zu, indem Sie den Joghurt, den restlichen Knoblauch, eine halbe Gurke, die Zitronenschale, den Saft und den getrockneten Dill in einer Schüssel vermengen. Gut mischen.
6. Verteilen Sie das gekochte Quinoa auf vier Schüsseln und geben Sie den gebratenen Lachs und Gemüse wie Gurken, Tomaten, Oliven und Feta dazu. Servieren Sie dazu einen Löffel Tzatziki-Sauce. Genießen Sie es!

30 Min.

# MEDITERRANER GERSTENSALAT

## SHOPPING LIST

REICHT FÜR: 4 Portionen

- 100g gewürfelter Provolone-Käse
- 1 Teelöffel getrockneter Oregano
- 120g zerkleinerter Radicchio
- 4 Esslöffel natives Olivenöl extra
- 250 mL Wasser
- 150g ungekochte ganze Gerste oder Perlgraupen
- Gehackte frische Petersilie
- 100g geriebene Karotte
- 100g gewürfelte Gurke
- Saft einer großen Zitrone
- Salz nach Geschmack
- 2 Beefsteak-Tomaten

NÄHRWERTE:: 210 KCAL | FETT 13G | KOHLENHYDRATE 20G | EIWEIß 6G

## DIRECTIONS

1. Bringen Sie 500 mL Wasser in einem großen Topf zum Kochen, fügen Sie die Gerste hinzu, reduzieren Sie die Hitze und köcheln Sie, bis sie weich ist, 20 bis 40 Minuten. Abgießen und mit kaltem Wasser abspülen. In eine große Schüssel geben.
2. Petersilie, Karotte, Gurke, Käse, Oregano, Radicchio, Olivenöl, Zitronensaft und Salz mischen. Umrühren und beiseitestellen.
3. Schneiden Sie die Spitzen der Tomaten ab und bewahren Sie sie auf. Lassen Sie das Fruchtfleisch abtropfen, schneiden Sie es in Würfel und mischen Sie es mit der Gerstenmischung. Wenn Sie möchten, können Sie die Vertiefungen der Tomaten mit der Mischung füllen.
4. Servieren oder bis zur Verwendung in den Kühlschrank stellen. Vor dem Servieren auf Zimmertemperatur bringen. Genießen Sie es!

# BROKKOL MIT KALAMATA-OLIVEN

## SHOPPING LIST

REICHT FÜR: 4 Portionen

- 100g entsteinte Kalamata-Oliven, abgespült und halbiert
- 4 Knoblauchzehen, geschält
- 1/2 Teelöffel Meersalz
- 1/4 Teelöffel roter Pfefferflakes
- 1/2 Teelöffel zerstoßene Fenchelsamen
- 3 Esslöffel kaltgepresstes Olivenöl
- 700g Brokkoli

## DIRECTIONS

1. Marinieren Sie die Oliven in 1 Esslöffel Öl mit dem Fenchel und stellen Sie sie beiseite.
2. Schneiden Sie die Stiele und die äußeren Blätter des Brokkolis ab, um die Basis freizulegen. Schaben Sie die harte, faserige Schicht von den unteren Zweigen mit einem Schälmesser ab.
3. Zerdrücken Sie den Knoblauch leicht und braten Sie ihn in einer Pfanne mit Deckel in Öl an.
4. Fügen Sie den Brokkoli und das Salz hinzu. Geben Sie 250 mL Wasser hinzu, decken Sie den Topf ab und kochen Sie ihn 5-6 Minuten lang, wobei Sie ihn gelegentlich wenden, bis die Stängel weich sind.
5. Servieren Sie den Brokkoli und streuen Sie die Oliven darüber. Mit roten Pfefferflocken bestreuen.

NÄHRWERTE:: 150 KCAL | FETT 10G | KOHLENHYDRATE 25G | EIWEIß 0G

20 Min.

# SCHWARZÄUGIGE ERBSEN & GEMÜSE MIT KNOBLAUCHJOGHURT

## DIRECTIONS

1. Heizen Sie den Ofen auf 180°C vor. Kombinieren Sie die rote Paprikapaste und 2 Esslöffel Olivenöl in einer großen Schüssel, bis sie weich wird. Vermengen Sie die Butter und das Salz in einer Schüssel, fügen Sie die Pitastücke hinzu und bestreichen Sie sie. Legen Sie sie auf ein Backblech und rösten Sie sie etwa 8-10 Minuten lang, bis sie knusprig und goldbraun sind.
2. Heizen Sie zwei große Bratpfannen bei mittlerer Hitze vor, während die Pita-Chips geröstet werden. Fetten Sie eine Bratpfanne mit 2 Esslöffeln Olivenöl ein. Braten Sie die Zwiebel, die Karotte und zwei Knoblauchzehen an, bis die Zwiebel weich und glasig ist.
3. Mischen Sie das Tomatenmark, 1/4 Teelöffel Salz, 1/2 Teelöffel Pfeffer und Zimt in einer mittelgroßen Schüssel. Bedecken Sie die Erbsen mit der Soße. Kochen Sie die Erbsen etwa 5 Minuten bei mittlerer Hitze, wobei Sie gelegentlich umrühren müssen, um ein Festkleben zu verhindern. Reduzieren Sie dann die Hitze auf niedrig, um eine warme Temperatur zu erhalten.
4. Erhitzen Sie einen Esslöffel Olivenöl in einer anderen Pfanne und dünsten Sie dann das Gemüse an. Rühren Sie häufig um, bis es anfängt zu welken, etwa 4-6 Minuten. Mit 1/4 Teelöffel Salz und 3/4 Teelöffel Pfeffermarinade würzen.
5. Mischen Sie in einem kleinen Topf den Zitronensaft und die restlichen 2 gehackten Knoblauchzehen und lassen Sie sie für 3-4 Minuten beiseite stehen. Mischen Sie den Joghurt und 1 Esslöffel Olivenöl in einer mittelgroßen Schüssel und würzen Sie mit 1/8 Teelöffel Salz.
6. Schichten Sie die gebackenen Pita-Chips auf den Boden einer großen flachen Schüssel, gefolgt von den warmen Augenbohnen, dem Gemüse und dem Knoblauchjoghurt.

## SHOPPING LIST

REICHT FÜR: 4 Portionen

- 2 Teelöffel rote Paprikapaste
- 6 Esslöffel Olivenöl, geteilt
- 1 Esslöffel ungesalzene Butter, geschmolzen
- 1 Teelöffel Salz, geteilt
- 2 Vollkorn-Pitas, gewürfelt
- 1 Zwiebel, gehackt
- 1 Karotte, fein gehackt
- 1/8 Teelöffel Zimt
- 100g normaler griechischer Joghurt
- 1/2 Zitronensaft
- 800g gemischtes Schmorgemüse,
- 4 Knoblauchzehen, gehackt, geteilt
- 400 Gramm schwarzäugige Erbsen, ohne Salzzusatz
- 1 Teelöffel Tomatenmark, ohne Salzzusatz
- 3/4 Teelöffel Maraş Pfeffer, geteilt

NÄHRWERTE:: 490 KCAL | FETT 12G | KOHLENHYDRATE 52G | EIWEIß 20G

15 Min.

# RAPINI MIT KALAMATA-OLIVEN

## SHOPPING LIST

REICHT FÜR: 4 Portionen

- 750g Brokkoli-Rabe
- 4 Knoblauchzehen, geschält
- 1/2 Teelöffel Meersalz
- 1/4 Teelöffel roter Pfefferflakes
- 50g entsteinte Kalamata-Oliven, abgetropft, abgespült und halbiert
- 1/2 Teelöffel zerstoßene Fenchelsamen
- 3 Esslöffel kaltgepresstes Olivenöl

## DIRECTIONS

1. Marinieren Sie die Oliven in 1 Esslöffel Öl, Fenchel und einer Prise Salz. Stellen Sie sie zur Seite.
2. Schneiden Sie die Stiele und äußeren Blätter des Brokkoli-Rabe ab, um die Basis freizulegen. Schaben Sie die harte, faserige Schicht der unteren Zentimeter der Zweige mit einem Schälmesser ab.
3. Zerdrücken Sie den Knoblauch in einem Topf oder einer Pfanne mit Deckel leicht und erhitzen Sie das restliche Olivenöl, bis der Knoblauch gebräunt ist.
4. Fügen Sie den Brokkoli-Rabe und das Salz hinzu. 5-6 Minuten kochen, gelegentlich wenden, bis die Stiele zart sind.
5. Richten Sie den Brokkoli-Rabe auf einer Servierplatte an und bestreuen Sie ihn mit Oliven. Rote Paprikaflocken werden darüber gestreut.

NÄHRWERTE:: 150 KCAL | FETT 10G | KOHLENHYDRATE 25G | EIWEIß 0G

# KNUSPRIGER WALNUSS KABELJAU MIT WALNUSS TZATZIKI

## SHOPPING LIST

REICHT FÜR: 4 Portionen

WALNUSS-TZATZIKI

- 125g normaler griechischer Joghurt
- 2 Esslöffel Walnüsse, gehackt
- 1/4 gewürfelte Gurke
- 1 Esslöffel Olivenöl
- 1 Esslöffel frisch gepresster Zitronensaft
- 1 Knoblauchzehe, gehackt
- 1/2 Teelöffel Salz

FISCH

- 600g Kabeljaufilet (in 4 Stücke geschnitten)
- Frische Petersilienblätter, grob gehackt
- 2 Knoblauchzehen, gehackt
- 1/2 Teelöffel grobes Salz
- 1/8 Teelöffel schwarzer Pfeffer
- 2 Esslöffel frisch gepresster Zitronensaft
- 3 Esslöffel Olivenöl, geteilt
- 100g Walnusshälften
- 2 Esslöffel Zitronenschale

## DIRECTIONS

WALNUSS-TZATZIKI

Mischen Sie in einer kleinen Schüssel alle Zutaten für das Walnuss-Tzatziki. Vermengen Sie alles gut. Stellen Sie es beiseite.

FISCH

1. Heizen Sie den Ofen auf 220°C vor.
2. Drücken Sie den Fisch mit Papiertüchern oder einem sauberen Tuch vorsichtig aus, um das Wasser zu entfernen und ihn zu trocknen (dies ist besonders wichtig, wenn Sie aufgetauten Fisch verwenden, der mehr Feuchtigkeit enthält). Beträufeln Sie den Fisch leicht mit Zitronensaft und einem Esslöffel Olivenöl und stellen Sie ihn beiseite.
3. Mahlen Sie die Walnüsse, die Zitronenschale, die Petersilie, den Knoblauch, das Salz, den Pfeffer und das restliche Olivenöl in einem Mixer zu grobem Maismehl. Verteilen Sie die Mischung über den Fisch und bedecken Sie damit die Oberseite, die Seiten und den Boden.
4. Backen Sie den Fisch bei 220°C für etwa 15 Minuten. Heiß servieren

45 Min.

# HUHN MOLOKHIA

## SHOPPING LIST

REICHT FÜR: 4 Portionen

- 2 Esslöffel Olivenöl
- 1 Teelöffel getrockneter Koriander
- 1/8 Teelöffel Zimt
- 1/8 Teelöffel Muskatnuss
- 1 Liter natriumarme Hühnerbrühe
- 5 Knoblauchzehen, gehackt
- 2 Esslöffel gehackter Koriander
- 1 Pfund gekochte Hühnerbrust ohne Knochen, mit einer Gabel in kleine Stücke zerteilt
- 396 Gramm gefrorenes gehacktes Blattgemüse
- Für die Zwiebelgarnitur:
- 1 Zwiebel
- 10 mL Zitronensaft
- 2 Esslöffel weißer Essig
- Zum Servieren:
- 500g gekochter Reis, brauner Reis
- 1 Zitrone, geviertelt
- Scheiben getoastetes Vollkornbrot, optional

## DIRECTIONS

1. Erhitzen Sie das Olivenöl in einer Bratpfanne bei mittlerer Hitze. Fügen Sie den gehackten Knoblauch und den Koriander hinzu, rühren Sie um und kochen Sie für 1 Minute.
2. Fügen Sie das gekochte und gewürfelte Huhn, Koriander, Zimt und Muskat hinzu. Gießen Sie die Hühnerbrühe hinzu und kochen Sie das Ganze bei mittlerer Hitze 20 Minuten lang, ohne Deckel.
3. Vermengen Sie in einer Schüssel den Zitronensaft und den Essig. Schneiden Sie die Zwiebel in mittelgroße Stücke und tauchen Sie sie in die Zitronensaftmischung. Stellen Sie es beiseite.
4. Verteilen Sie den braunen Reis oder die Toastbrotscheiben auf vier Teller und geben Sie ein Viertel einer Zitrone auf jeden Teller. Verteilen Sie dann das Hähnchen und das Gemüse mit der Zwiebelgarnitur darauf.

NÄHRWERTE:: 410 KCAL | FETT 13G | KOHLENHYDRATE 38G | BALLASTSTOFFE 6G | EIWEIß 37G

# KABELJAU UND MAISEINTOPF

## SHOPPING LIST

REICHT FÜR: 4 Portionen

- 2 Esslöffel Olivenöl
- 1/2 mittelgroße gelbe Zwiebel, gewürfelt
- 2 Frühlingszwiebeln, getrennt in weiße und grüne Teile, in Scheiben geschnitten
- 250 mL Magermilch
- Eine Prise Kurkuma
- 1/4 Teelöffel roter Pfefferflakes
- Salz und gemahlener schwarzer Pfeffer, nach Geschmack
- 1L natriumarme Hühner- oder Gemüsebrühe
- 500g Kartoffeln
- 800g Pfund Kabeljau, in Stücke geschnitten

NÄHRWERTE:: 270 KCAL | FETT 7G | KOHLENHYDRATE 17G | BALLASTSTOFFE 2G | EIWEIß 35G

## DIRECTIONS

1. Erhitzen Sie das Öl im Dutch Oven bei mittlerer bis hoher Hitze. Fügen Sie die Zwiebeln und das Schalottenweiß hinzu und braten Sie sie an, bis sie weich sind, etwa 2 Minuten.
2. Fügen Sie die Brühe, die Kartoffeln und den Kabeljau hinzu. Abdecken und zum Kochen bringen. Reduzieren Sie die Hitze und köcheln Sie, bis die Kartoffeln weich sind, etwa 8-10 Minuten.
3. Fügen Sie den Mais, die Magermilch, die roten Paprikaflocken und das Kurkuma hinzu. Bedecken Sie die Suppe und lassen Sie sie leicht kochen.
4. Mit Salz und Pfeffer abschmecken. Mit den Frühlingszwiebeln garnieren.

20 Min.

30 Min.

# KNUSPRIGER LACHS MIT WALNUSS-SALSA VERDE

## SHOPPING LIST

REICHT FÜR: 6 Portionen
- 3 Esslöffel frisch gehackter Schnittlauch
- Salz und frisch gemahlener schwarzer Pfeffer
- 3 Esslöffel Olivenöl
- 100g Walnüsse
- Frisch gehackte Blattpetersilie
- 1kg Stücke Lachsfilet
- 2 Knoblauchzehen, gehackt
- 40 mL kaltgepresstes Olivenöl
- 3 Esslöffel Zitronensaft
- 6 Zitronenspalten zum Garnieren
- 1/2 Teelöffel gehackter frischer Thymian
- 1/2 Teelöffel gehackter frischer Oregano
- 3 Esslöffel Kapern, gehackt

NÄHRWERTE:: 470 KCAL | FETT 38G | KOHLENHYDRATE 3G | BALLASTSTOFFE 1G | EIWEIß 25G

## DIRECTIONS

1. Heizen Sie den Ofen auf 190°C vor.
2. Legen Sie die Walnüsse auf ein Backblech und rösten Sie sie etwa 10 Minuten lang, bis sie duften und leicht gebräunt sind. Lassen Sie sie abkühlen und hacken Sie sie dann grob.
3. Vermengen Sie in einer Schüssel Petersilie, Schnittlauch, Thymian, Oregano, Salbei, Knoblauch und Olivenöl extra. Fügen Sie die Walnüsse hinzu und würzen Sie mit Salz und Pfeffer nach Geschmack.
4. Erhitzen Sie in einer großen antihaftbeschichteten Pfanne die 3 Esslöffel Olivenöl bei mittlerer bis hohe Hitze. Braten Sie den Lachs, bis er auf beiden Seiten goldbraun und knusprig ist. Etwa 5 Minuten pro Seite.
5. In der Zwischenzeit verquirlen Sie den Zitronensaft mit der Salsa Verde.
6. Zum Servieren 1 Lachsfilet pro Teller anrichten und mit der Salsa verde beträufeln. Sofort mit Zitronenspalten garniert servieren. Guten Appetit!

50 Min.

NÄHRWERTE::
310KCAL | FETT 13G | KOHLENHYDRATE 11G | BALLASTSTOFFE 3G | EIWEIß 31G

# KRABBEN-SAGANAKI MIT GEMÜSE

## SHOPPING LIST

REICHT FÜR: 4 Portionen

- 6 Frühlingszwiebeln, gehackt (das Weiße und der größte Teil des Grüns)
- 100 mL trockener Weißwein
- 2 Teelöffel Dijon-Senf
- 1kg mittlere Garnelen
- 40 mL Olivenöl
- 500g grob zerkleinert
- Gemischtes Gemüse (Kohlrabi, Grünkohl oder Spinat)
- 120g zerbröckelter Feta, nach Geschmack
- Salz und frisch gemahlener Pfeffer, nach Geschmack
- 3 Esslöffel Zitronensaft, nach Geschmack
- 3-4 Scheiben getoastetes Vollkornbrot zum Servieren
- 1 Bund Blattpetersilie, gehackt
- 1/2 Bund Rucola, zerkleinert
- 50g Dill, gehackt
- 150 mL Fischbrühe (aus den Garnelenschalen), oder mehr nach Bedarf

## DIRECTIONS

1. Die Garnelen waschen, abtropfen lassen und schälen, dabei die Schwänze dranlassen. Abtropfen lassen und im Kühlschrank aufbewahren. Geben Sie die Schalen in einen Topf, bedecken Sie sie mit Wasser und bringen Sie sie zum Kochen. Reduzieren Sie die Hitze auf niedrig und lassen Sie sie 30 Minuten lang kochen. Abgießen und die Brühe beiseitestellen.
2. Erhitzen Sie das Öl in einer Bratpfanne mit schwerem Boden und braten Sie die Zwiebeln 3 Minuten lang an. Fügen Sie die Garnelen hinzu und kochen Sie sie bei starker Hitze 1 Minute lang, dann geben Sie den Wein und den Senf hinzu und rühren kurz um. Geben Sie das Gemüse, die Petersilie, den Rucola, die Brühe und die Zitrone hinzu.
3. Kochen Sie das Ganze 5 Minuten lang oder bis die Garnelen gar sind und fügen Sie bei Bedarf noch einen Schuss Brühe hinzu. Wenn das Gemüse noch weiter gekocht werden muss, nehmen Sie die Garnelen mit einem Schaumlöffel heraus und legen Sie sie beiseite, bevor Sie das Gemüse weichkochen. Geben Sie dann die Garnelen und den Dill zum Gemüse.
4. Die Pfanne vom Herd nehmen und den Feta-Käse, eine Prise Salz (Feta ist normalerweise recht salzig), und frisch gemahlenen Pfeffer hinzu. Schütteln Sie die Pfanne, anstatt zu rühren, um die Zutaten gleichmäßig zu verteilen, und schmecken Sie mit Salz und Pfeffer ab.
5. Servieren Sie sie heiß, mit mehr Feta und knusprigem Brot, um die köstlichen Säfte aufzusaugen. Genießen Sie es!

35 Min.

# FALAFEL FRITTER HUMMUS SCHALEN

## SHOPPING LIST

REICHT FÜR: 4 Portionen

- 8 Stück Falafelkrapfen
- 500g gemischter geschredderter Kohl
- 60g Tahini (Sesampaste)
- 40 mL Zitronensaft
- 150 mL Wasser
- Salz nach Geschmack
- 500g geschredderte Möhren
- 240g Hummus
- Tahini-Sauce
- 1 Knoblauchzehe, zerdrückt

## DIRECTIONS

1. Nehmen Sie die Falafel aus dem Gefrierfach und legen Sie sie auf ein mit Backpapier ausgelegtes Backblech. Bestreichen Sie die Fladen vor dem Backen mit Öl, damit sie außen knusprig werden. Heizen Sie den Ofen auf 190°C vor und backen Sie die Falafel etwa 25 Minuten lang, oder bis sie goldbraun sind.
2. Nehmen Sie die Fleischbällchen vorsichtig aus dem Ofen und lassen Sie sie ein paar Minuten abkühlen.
3. Mischen Sie den geschredderten Kohl und die Karotten in einer Schüssel.
4. Mischen Sie die Zutaten für die Tahinisauce getrennt voneinander.
5. Stellen Sie die Schalen her, indem Sie den Hummus gleichmäßig in einer kreisförmigen Bewegung um eine Schale herum verteilen. Den geschredderten Kohl und die Karotten dazugeben, geben Sie die warmen Falafelbällchen darüber und beträufeln Sie sie mit der Tahinisauce. Genießen Sie Ihr Essen

NÄHRWERTE:: 320 KCAL | FETT 19G | KOHLENHYDRATE 30G | BALLASTSTOFFE 4G | EIWEIß 12G

# AUBERGINEN-ERDNUSS-RÖLLCHEN MIT TÜRKISCHER TOMATENSAUCE

## SHOPPING LIST

REICHT FÜR: 8 Portionen

Für Auberginen
- 2 Auberginen
- 2 Esslöffel zusätzliches Olivenöl zum Bestreichen der Auberginenscheiben

Für die Erdnuss-Füllung:
- 1/2 Teelöffel gemahlener Koriander
- 1 1/2 Teelöffel Weißweinessig
- Heißes Wasser
- 2 Knoblauchzehen, gehackt
- 350g trocken geröstete ungesalzene Erdnüsse

Für die türkische Tomatensoße:
- 400g gewürfelte, ungesalzene Tomaten, abgetropft
- 1 kleine Zwiebel, fein gewürfelt
- 1 Knoblauchzehe, gehackt
- 2 Teelöffel getrocknete Minze
- 1 Teelöffel Salz
- 1 1/2 Teelöffel Aleppo-Pfeffer
- 3 Esslöffel natives Olivenöl extra
- 3 Esslöffel Tomatenmark, ohne Salzzusatz1 Knoblauchzehe, gehackt
- 2 Teelöffel getrocknete Minze
- 1 Teelöffel Salz
- 1 1/2 Teelöffel Aleppo-Pfeffer
- 3 Esslöffel natives Olivenöl extra
- 3 Esslöffel Tomatenmark, ohne Salzzusatz

## DIRECTIONS

**Für die Auberginen-Erdnuss-Roulade:**

1. Heizen Sie den Ofen auf 180°C vor. Legen Sie ein Backblech mit Pergamentpapier aus.
2. Schneiden Sie die Aubergine der Länge nach in dünne Scheiben. Legen Sie die Auberginenscheiben auf das Backblech und bestreichen Sie jede Seite leicht mit Olivenöl, Salz und Pfeffer. Insgesamt 30 Minuten backen (15 Minuten pro Seite).
3. Bereiten Sie die Erdnussfüllung zu, während die Auberginen kochen. Putzen oder mahlen Sie die Erdnüsse, den Knoblauch und den Koriander in einer Küchenmaschine. Rühren Sie den Weißweinessig ein. Wenn nötig, fügen Sie kleine Mengen heißes Wasser hinzu, um eine glattere Paste zu erhalten.
4. Nachdem Sie die Auberginen 30 Minuten lang gekocht haben, geben Sie einen Löffel Erdnussfüllung auf ein Ende der Auberginenscheibe und rollen sie auf.

**So bereiten Sie die türkische Tomatensauce zu:**

1. Erhitzen Sie das Olivenöl in einer großen Bratpfanne bei mittlerer bis niedriger Hitze. Geben Sie das Tomatenmark hinzu und kochen Sie es unter ständigem Rühren, bis sich das Olivenöl rot-orange färbt.
2. Kochen Sie 3-5 Minuten und fügen Sie die restlichen Zwiebeln, den Knoblauch, die Minze und den Aleppo- oder Maras-Pfeffer hinzu.
3. Fügen Sie die gewürfelten Tomaten hinzu, lassen Sie sie abtropfen und vermengen Sie sie. Zerkleinern Sie die Tomaten nach Bedarf, um eine glattere Sauce zu erhalten.
4. 5 Minuten köcheln lassen, dabei häufig umrühren, damit die Sauce nicht anbrennt oder an der Pfanne kleben bleibt.
5. Servieren Sie die gefüllten Auberginen- und Erdnussröllchen mit türkischer Tomatensauce. Falls nötig, erwärmen Sie sie kurz im Ofen.

1 S

NÄHRWERTE:: 290 KCAL | FETT 22G | KOHLENHYDRATE 19G | BALLASTSTOFFE 7G | EIWEIß 9G

1 S

# CIAKI CHUKA

## SHOPPING LIST

REICHT FÜR: 4 Portionen

- 40 mL kaltgepresstes Olivenöl
- 1 Aubergine
- 1 Zwiebel, fein gehackt
- 1 Paprika
- 2 große Tomaten
- 400g Kartoffeln
- Salz und Pfeffer, nach Geschmack

NÄHRWERTE:: 490 KCAL | FETT 30G | KOHLENHYDRATE 27G | BALLASTSTOFFE 4G | EIWEIß 9G

## DIRECTIONS

1. Erhitzen Sie das Olivenöl in einer Pfanne. Braten Sie die fein gehackte Zwiebel an, bis sie goldgelb ist.
2. Würfeln Sie die Paprika, Tomaten, Auberginen und Kartoffeln in kleine Würfel.
3. Geben Sie sie zusammen mit den Zwiebeln in die Pfanne und lassen Sie sie bei schwacher bis mittlerer Hitze 30 Minuten lang kochen. Mit Salz und Pfeffer abschmecken. Guten Appetit!

1 S.

# SALAT MIT HUHN, FETAKÄSE UND OLIVEN

## DIRECTIONS

1. Schneiden Sie die Paprika und die Zwiebel in Scheiben
2. Entfernen Sie die Kerne aus den Tomaten und schneiden Sie sie in Würfel.
3. Braten Sie die Hähnchenfilets in 2 Esslöffeln Olivenöl in einer großen Bratpfanne an. Sobald sie fertig sind, nehmen Sie sie aus der Pfanne und stellen sie warm.
4. Braten Sie die Paprika und die Zwiebeln in der gleichen Pfanne zwei Minuten lang an und geben Sie dann die zuvor zubereiteten Hähnchenfilets hinzu.
5. Reduzieren Sie die Hitze auf niedrig und fügen Sie die Brühe, Tomaten, Oregano, Pfeffer und eine Prise Salz hinzu. Lassen Sie das Ganze etwa eine halbe Stunde lang langsam kochen.
6. Fügen Sie dann die Kalamata-Oliven und den Fetakäse hinzu, schütteln Sie die Pfanne und decken Sie sie für 5 Minuten ab.
7. Garnieren Sie das Gericht mit frischem Basilikum und nativem Olivenöl extra.

## SHOPPING LIST

REICHT FÜR: 8 Portionen

- 750g Hähnchenfilet
- 500g dreifarbige Paprikaschoten
- 250g Hühnerbrühe
- 1 Zwiebel
- 2 reife Tomaten
- 1/4 Teelöffel Oregano
- Frischer Pfeffer
- Frische Basilikumblätter
- 80g Fetakäse
- 10 Kalamata-Oliven
- 40 mL Natives Olivenöl Extra

NÄHRWERTE:: 200 KCAL | FETT 13G | KOHLENHYDRATE 5G | BALLASTSTOFFE 1G | EIWEIß 15G

# SNACKS

# ANTIPASTI UND CHARCUTERIE FLADENBROT

## SHOPPING LIST

REICHT FÜR: 14 Portionen

- 350 Gramm fertiger Pizzateig
- Mit Knoblauch und Kräutern marinierte Champignons
- Gebratene rote Tomaten
- Ziegenhorn-Paprika
- Natives Olivenöl extra
- Bruschetta mit Oliven
- Toppings, nach Belieben

NÄHRWERTE:: 230 KCAL | FETT 6 G | KOHLENHYDRATE 31G | ZUCKER 3G | BALLASTSTOFFE 0G | EIWEIß 5G

## DIRECTIONS

1. Backen Sie nach der Methode auf der Packung des vorgefertigten Teigs.
2. Beträufeln Sie den Teig mit nativem Olivenöl und belegen Sie ihn mit den gewünschten Zutaten (Pilze, geröstete rote Tomaten, Paprika oder andere Zutaten Ihrer Wahl).
3. in Scheiben schneiden und warm servieren.

20 Min.

# AVOCADO HUMMUS

## SHOPPING LIST

REICHT FÜR: 6 Portionen

- 2 Avocados geschält und entkernt.
- 400 Gramm Kichererbsen, gespült und abgetropft
- 1 Knoblauchzehe, gehackt
- Salz nach Geschmack
- 1 Esslöffel frischer Zitronensaft
- 2 Esslöffel Avocadoöl, + extra zum Garnieren, optional

NÄHRWERTE:: 160 KCAL | FETT 12G | KOHLENHYDRATE 12G | BALLASTSTOFFE 5G | EIWEIß 3G

## DIRECTIONS

1. Legen Sie eine gewürfelte Avocado beiseite.
2. Zerdrücken Sie die restliche Avocado, die Kichererbsen, den Knoblauch, den Zitronensaft, das Olivenöl und das Salz mit einer Gabel, bis sie glatt sind. (Alternativ können Sie die Mischung auch in einem Mixer oder einer Küchenmaschine pürieren).
3. Arbeiten Sie die gewürfelte Avocado vorsichtig in die Hummus-Mischung ein.
4. Falls gewünscht, mit Olivenöl würzen.
5. In einer mit Frischhaltefolie ausgekleideten Ringform servieren. Anschließend mit gehackter Petersilie bestreuen und mit Pita-Chips oder gerösteten Möhren servieren.

10 Min.

20 Min.

# GEBACKENER BRIE MIT FEIGENAUFSTRICH

## SHOPPING LIST

REICHT FÜR: 8 Portionen

- 200 Gramm Brie-Käse
- 60g Kürbiskerne
- 60g goldene Rosinen
- 3 Esslöffel Feigenaufstrich
- 60g Walnussstücke

NÄHRWERTE:: 150 KCAL | FETT 9G | KOHLENHYDRATE 11G | BALLASTSTOFFE 1G | ZUCKER 0G | EIWEIß 6G

## DIRECTIONS

1. Heizen Sie den Ofen auf 180°C vor.
2. Legen Sie das Stück Brie in eine ofenfeste Form. Löffeln Sie den Brotaufstrich über den Brie. Mit Walnüssen, Kürbiskernen und Rosinen belegen.
3. 11-15 Minuten backen, bis der Käse zu schmelzen beginnt. Sofort mit Vollkornbrot oder Crackern servieren.

# IN OLIVENÖL MARINIERTER KÄSE

## SHOPPING LIST

REICHT FÜR: 8 Portionen

- 200g Block Fetakäse, gewürfelt
- 6 Zweige frischen Oregano
- 2 Knoblauchzehen, zerdrückt
- 2 Zweige frischer Rosmarin
- Chili-Schoten (nach Geschmack)
- 100 mL natives Olivenöl extra
- 2 Federn frischer Thymian
- 1/2 Teelöffel Pfefferkörner

NÄHRWERTE:: 320 KCAL | FETT 34G | KOHLENHYDRATE 2G | BALLASTSTOFFE 0G | ZUCKER 0G | EIWEIß 4G

## DIRECTIONS

1. Um die Aromen des nativen Olivenöls extra hervorzuheben, erwärmen Sie es sanft mit Aromaten und Gewürzen.
2. Lassen Sie die Olivenölmischung etwas abkühlen, bevor Sie sie unter den Käse mischen. Gießen Sie die erwärmte Mischung über den gewürfelten Käse in einen Behälter mit breiter Öffnung. Verteilen Sie den Käse so, dass er vollständig bedeckt ist.
3. 3-4 Stunden warten, bis sich die Aromen vermischt haben. Wenn Sie ihn nicht sofort verzehren, bewahren Sie ihn im Kühlschrank auf und bringen Sie ihn vor dem Servieren auf Raumtemperatur.

20 Min.

# SKORDALIA DIP

2 S

## SHOPPING LIST

REICHT FÜR: 8 Portionen

- 1 Kartoffel, geschält
- 4 Esslöffel ausgepresster Zitronensaft
- 60g blanchierte ganze Mandeln, über Nacht in Wasser eingeweicht, abgetropft
- 60g geschälte Walnüsse
- 400g gewürfeltes Vollkornbrot, in Wasser eingeweicht, bis es weich ist
- 5 Knoblauchzehen, geviertelt
- Gemahlener weißer Pfeffer Meersalz, optional
- 40 mL natives Olivenöl extra
- 20g Kapern, vorzugsweise in Salz eingelegt, abgespült und abgetropft

NÄHRWERTE:: 230 KCAL | FETT 15G | KOHLENHYDRATE 11G | BALLASTSTOFFE 2G | EIWEIß 4G

## DIRECTIONS

1. Bedecken Sie die Kartoffeln in einem Topf bei starker Hitze mit Wasser. Kochen Sie 15 Minuten lang oder bis die Kartoffeln weich sind. Mit einer Gabel zerdrücken und beiseitestellen.
2. Drücken Sie das eingeweichte Brot aus, um überschüssige Feuchtigkeit zu entfernen und geben Sie es in eine Küchenmaschine.
3. Verarbeiten Sie den Knoblauch, bis er eine glatte Paste bildet. Fügen Sie einen Schuss Öl hinzu, während der Motor läuft, und dann 3 Esslöffel Kapern und 3 Esslöffel Zitronensaft.
4. Mischen Sie die Mandeln und Walnüsse, bis sie grob gemahlen sind.
5. Kratzen Sie die Mischung in einer mittelgroßen Schüssel zusammen und fügen Sie die Kartoffel hinzu. (Vermeiden Sie es, dafür eine Küchenmaschine zu verwenden, da die Kartoffel sonst klebrig wird). Würzen Sie mit frisch gemahlenem weißem Pfeffer. Nach Belieben mit Pfeffer und Zitronensaft abschmecken.
6. Mindestens 2 Stunden lang abgedeckt in den Kühlschrank stellen. Vor dem Servieren mit dem restlichen 1 Esslöffel Kapern bestreuen.

15 Min.

# MEDITERRANE WALNUSS-NACHOS

## DIRECTIONS

1. Kombinieren Sie Gurke, Oliven, rote Paprika, Tomaten, Zwiebel, Oregano, Zitronensaft und Olivenöl in einer mittelgroßen Schüssel.
2. Verteilen Sie die Hälfte der Pita-Chips gleichmäßig auf einer Servierplatte und geben Sie die Hälfte des Hummus in kleinen Löffeln darüber. Verteilen Sie die Hälfte der Gemüsemischung und die Hälfte der Walnüsse gleichmäßig. Fügen Sie eine weitere Schicht aus Pita, Hummus, Gemüse und Walnüssen hinzu und wiederholen Sie den Vorgang.
3. Sofort servieren und mit Käse bestreuen.

## SHOPPING LIST

REICHT FÜR: 6 Portionen

- 150g gewürfelte Gurke
- 60g entsteinte und geviertelte Kalamata-Oliven
- 120g gewürfelte rote Paprika
- 120g geviertelte Trauben- oder Kirschtomaten
- 100g gehackte rote Zwiebel
- 2 Esslöffel gehackter frischer Oregano
- 100g gehackte, leicht geröstete Walnüsse, geteilt
- 50g zerbröckelter Fetakäse
- 1 Esslöffel Zitronensaft
- 1 Esslöffel kaltgepresstes Olivenöl
- 250g zubereitetem Hummus
- 200g Vollkorn-Pita-Chips

NÄHRWERTE:: 440 KCAL | FETT 29G | KOHLENHYDRATE 39G | BALLASTSTOFFE 2G | ZUCKER 2G |EIWEIß 14G

# ERDNUSS-GRANOLA

45 Min.

## SHOPPING LIST

REICHT FÜR: 8 Portionen

- 400g altmodische Haferflocken
- 80g leicht gesalzene Erdnüsse
- 60g Quinoa, abgespült und abgetropft
- 1 Teelöffel gemahlener Zimt
- 1/2 Teelöffel gemahlener Piment
- 1/4 Teelöffel Salz
- 4 Teelöffel Vanilleextrakt
- 50g getrocknete Sauerkirschen
- 50 mL Ahornsirup
- 3 Esslöffel hellbrauner Zucker
- 2 Esslöffel Erdnussöl

## DIRECTIONS

1. Heizen Sie den Ofen auf 160°C vor. Fetten Sie ein großes, umrandetes Backblech mit Kochspray ein.
2. Vermengen Sie Haferflocken, Erdnüsse, Quinoa, Zimt, Piment und Salz in einem Topf. Vermengen Sie in einer separaten Schüssel den Ahornsirup, Zucker, Öl und Extrakt.
3. Rühren Sie die Ahornmischung unter die Hafermischung, um sie zu kombinieren. Verteilen Sie den Teig gleichmäßig in der vorbereiteten Form.
4. In der Mitte des Ofens unter Umrühren alle 10 Minuten etwa eine halbe Stunde lang backen, oder bis sie leicht geröstet sind. Nehmen Sie das Blech aus dem Ofen und rühren Sie die getrockneten Kirschen unter. Lassen Sie den Kuchen vollständig abkühlen, bevor Sie ihn in einen luftdichten Behälter umfüllen.

NÄHRWERTE:: 240 KCAL | FETT 6G | KOHLENHYDRATE 29G | BALLASTSTOFFE 3G | EIWEIß 5G

10 Min.

# ERDNUSS HUMMUS

## SHOPPING LIST

REICHT FÜR: 8 Portionen

- 1 (800g) Dosen Kichererbsen, abgetropft und abgespült
- 3 Knoblauchzehen
- Saft von 1 Zitrone (4 Esslöffel)
- 1 Esslöffel Tahini
- 2 Esslöffel ungesalzene natürliche Erdnussbutter
- 1 Esslöffel natives Olivenöl extra
- 2 Esslöffel Kreuzkümmel, oder mehr nach Geschmack
- Salz und Pfeffer nach Geschmack

NÄHRWERTE:: 200 KCAL | FETT 6G | KOHLENHYDRATE 19G | BALLASTSTOFFE 5G | ZUCKER 0G | EIWEIß 7G

## DIRECTIONS

1. Geben Sie die Bohnen, den Knoblauch, den Zitronensaft, das Tahini, die Erdnussbutter und das Olivenöl in einen Mixer oder eine Küchenmaschine. Verarbeiten Sie die Mischung bis sie glatt ist und fügen Sie bei Bedarf einen Spritzer Wasser oder Olivenöl hinzu, um die gewünschte Konsistenz zu erreichen.
2. Mit Salz, Pfeffer und Kreuzkümmel abschmecken.

# Extra Bonus!

JEDEN MONAT NEUE REZEPTE & TIPPS - KOSTENLOS!

ODER SCHREIBEN SIE 'MEDITERRANE REZEPTE' AN:
BONUS@IDBPUBLISHING.COM

# INDEX

ALTMODISCHES FATTOUSH 40
AMARANTH-POLENTA MIT WALDPILZEN 24
AUBERGINEN-ERDNUSS-RÖLLCHEN MIT TÜRKISCHER TOMATENSAUCE 62
AVOCADO HUMMUS 68
AVOCADO SUPER SOMMER-WRAP 39
BRODETTO 44
BROKKOL MIT KALAMATA-OLIVEN 53
BRUSCHETTA MIT SOMMERKÜRBIS UND PAPRIKA 31
CAPRESE-EI-MUFFINS 18
CIAKI CHUKA 63
ERDNUSS HUMMUS 74
ERDNUSS-GRANOLA 73
FALAFEL FRITTER HUMMUS SCHALEN 50
FALAFEL FRITTER HUMMUS SCHALEN 61
FARRO UND GEGRILLTER GEMÜSESALAT MIT KRÄUTERN 30
FARRO-SALAT MIT GERÖSTETEN KICHERERBSEN UND BLUMENKOHL 43
FRITTATA MIT TOMATEN UND SPARGEL 19
FRÜHLINGSSUPPE MIT REIS 46
FRÜHSTÜCKSSALAT 22
FRÜHSTÜCKSSCHÜSSEL MIT EI UND BRAUNEM REIS 20
GEBACKENER BRIE MIT FEIGENAUFSTRICH 69
GEBRATENES GEMÜSE & FETA-AUFLAUF 36
GEMÜSEKUCHEN MIT FETA 37
GRIECHISCHES GEMÜSE-OMELETT 23
GRÜNKOHL UND ARTISCHOCKEN FRITTATA MIT ASIAGO 25
HUHN MOLOKHIA 57
HUMMUS UND 38
IN OLIVENÖL MARINIERTER KÄSE 70
ITALIENISCHER GEMÜSEPUDDING 21
KABELJAU UND MAISEINTOPF 58
KALAMATA-OLIVEN 55
KICHERERBSEN-WALNUSS-SANDWICHES 32
KNUSPRIGER LACHS MIT WALNUSS-SALSA VERDE 59
KNUSPRIGER WALNUSS KABELJAU MIT WALNUSS TZATZIKI 56
KRABBEN-SAGANAKI MIT GEMÜSE 60
MEDITERRANE SCHÜSSEL MIT GEBACKENEM LACHS, QUINOA UND TZATZIKI 51
MEDITERRANE WALNUSS-NACHOS 72
MEDITERRANER GERSTENSALAT 52
MEDITERRANES FRÜHSTÜCKSQUINOA MIT WALNÜSSEN, FEIGEN & APRIKOSEN 26
MEDITERRANES HÄHNCHEN-SANDWICH 45
NUDELSALAT MIT GERÖSTETEM SPARGEL, KARAMELLISIERTEN ROTEN ZWIEBELN UND ZIEGENKÄSE 34
RAPINI MIT 55
SALAT MIT HUHN, FETAKÄSE UND OLIVEN 64
SCHWARZER LINSENSALAT MIT BLUMENKOHL UND GETROCKNETEN KIRSCHEN 35
SCHWARZÄUGIGE ERBSEN & GEMÜSE MIT KNOBLAUCHJOGHURT 54
SKORDALIA DIP 71
SPAGHETTI MIT KNOBLAUCH, ÖL UND CHILISCHOTEN 41
VEGGIE-WRAPS 38
WINTER KISIR 42
ZITRONEN ARTISCHOCKEN SALAT 33

# EXTRA BONUS: OLIVENÖL:

Im Gegensatz zu Nativem Olivenöl Extra und Nativem Olivenöl wird das einfachste Olivenöl durch chemische Prozesse oder Hitze raffiniert. Es erfüllt nicht die Kriterien von nativem Öl. In diesem Fall darf der Säuregehalt nicht höher als 1 Gramm pro 100 Gramm sein. Dieses raffinierte Öl wird mit kleineren Mengen nativen Olivenöls gemischt, um den Geschmack zu verbessern. Manchmal wird es auch Pure oder Light genannt.
Wie man Olivenöle auswählt
Mit Olivenölen ist es ähnlich wie mit Weinen. Wenn du ein paar verschiedene probierst, kannst du herausfinden, welche du bevorzugst. Es gibt sie in verschiedenen Geschmacksrichtungen, von leicht und fruchtig bis pfeffrig und kräftig. Die Olivensorte, der Ort, an dem die Oliven angebaut und geerntet werden, das Wetter während der Wachstumsperiode und die Verarbeitung beeinflussen den endgültigen Geschmack.

1. **Suche nach Olivenöl,** das du dir leisten kannst. Ausgezeichnete Olivenöle gibt es in verschiedenen Preisklassen. Kaufe Olivenöl, das du dir leisten kannst.

2. **Wie wird das Olivenöl verwenden?** Das ist eine Frage, die du dir beim Kauf von Olivenöl stellen solltest. Wenn du vorhast, es täglich zu verwenden, wähle eine preiswerte Variante. Die beste Art von Olivenöl ist nicht immer die teuerste. Olivenöle, die einen starken Geschmack haben, sind in der Regel teurer. Verwende das Öl, ohne es zu erhitzen, damit es seinen Geschmack voll entfalten kann. Gieße es über bereits gekochte Speisen, mische es unter Nudeln oder mache Salatdressings damit.

3. **Achte auf das Mindesthaltbarkeitsdatum.** Nach der Verpackung haben Olivenöle eine Haltbarkeit von zwei Jahren. Sie werden nicht wie Weine mit dem Alter besser, sodass sie am besten frisch sind.

4. **Wähle die benötigte Flaschengröße.** Kaufe eine Flasche, die du in den nächsten Monaten verbrauchen kannst.

5. **Probiere mehrere Sorten aus.** Teste Olivenöle aus verschiedenen Ländern und Regionen sowie von kleineren und größeren Herstellern, um eine Vielfalt an Geschmäckern zu erhalten.

6. **Lagere das Öl richtig.** Sobald du dein Olivenöl gekauft hast, bewahre es an einem kühlen, dunklen Ort mit einem dicht schließenden Deckel auf. Licht, Hitze, Feuchtigkeit und Alter sind die größten Feinde des Olivenöls.